A life without blur For women

女性のためのブレない生き方

坂東眞理子
昭和女子大学 理事長・総長

ロング新書

まえがき

人生は自分の夢を持つことで生きる意味がみえてくる

二一世紀になってもう二〇年近くたち、日本の社会は速いスピードで変わりつつあります。否応《いやおう》なしに、これまでの時代の常識は通用しなくなっています。

ＳＮＳやインターネットが私たちの生活の中にすっかり定着し、外国の人たちと仕事をするのも日常的になってきました。女性が社会に進出して仕事をしたり、何か社会に役立つことをするのは、当たり前になってきました。逆に適齢期という言葉はすっかり死語となり、親との同居も少なくなりました。

結婚して幸福な家庭を持つだけでなく、本当に自分が好きな仕事をしたいと考える女性が増えてきています。そうした生き方はとても困難が多く、あきらめる人が多かったのですが、今は結婚も仕事も目ざす人が多数を占めるようになっています。

私自身も、結婚して二人の子どもがいることはありがたいことだと思いますが、仕事をずっと続けてきました。ずっと仕事をしてきたので、ささやかでも自分自身でこれを成し遂《と》げた、努力によって勝ち取ったといえるものがあります。もちろんうまくいかなかったことも数えきれないほどありますが。

私の人生は誇るべきことの少ない人生ですが、それでも自分の力で自分の人生を形づくってきたといえます。これからの若い人たちにも、よりよい人生を送ってもらいたいと思います。

そのためには夢を持つことがキーになります。人生は自分の夢を持つことで生きる意味が見えてきます。夢があれば生きるエネルギーがわいてきます。

いま、女性の平均寿命は八七歳です。長い人生をどのように生きていくか、真剣に考えて準備しなければなりません。

私は、女性の人生が大きく変わってしまったと感じています。私の母の時代、女性はよい家庭の主婦として、夫が後顧《こうこ》の憂いなく仕事に打ち込める役割を期待されていました。三~四人の子どもを生み育て、しっかり教育して社会に送り出す。おいしく栄養バランスのよい食事の用意、後片付け、衣服の手入れや洗濯、清潔で快適な住居を維持するための掃除など、家庭のマネージメントはすべて主婦の役割でした。舅・姑の世話や親類とのつきあい、冠婚葬祭、近隣や地域での役割もありました。

高度経済成長の結果、社会も家庭も変わり、主婦の役割が様変わりしました。核家族が主流となり、人々は大都市周辺に住み、多くの既製品やサービスを買って、便利な生活をするようになりました。高い教育を受ける女性が多くなりましたが、その力を発揮する機会は、十分ではありません。

女性たちは、仕事か子どもかと選択に迷い、男性たちも昔をなつかしみながら、新しい時代にどう生きてよいかわからずにいます。男性も女性も経済成長を成し遂げた後、どういう社会を築けばよいか、どういう人生を生きればよいか、目標を見失っていました。

しかし、いま私はこれからの女性、そして男性の生き方が少しずつ見えてきたように思います。

新しい時代の女性の人生モデルとは

男性も女性も新しい生き方に変わっていきますが、私は次のように人生モデルを考えています。

人生の準備期間は、男の子も女の子もしっかり健康な体の基礎をつくるとともに、基礎的な学力とマナーを身につける。その上に二〇歳代前半までに社会が必要とする知識、スキル、考える習慣、人と協力できる力の基礎を、大学・大学院や専門学校、あるいは職場で身につける。

二〇代は、自分が何ができるか、何をしたいのか探り、そのための訓練をする期間でもあり、また、家庭をつくるパートナーを探す期間です。

三〇歳前後にはそれが見つかり、家庭を持ち、子どもを生み育てる。この時期、女性は育児休業、短時間勤務などで、仕事は少し軽くして子育てに重点を置きます。

この時期も、育児を自分ひとりだけで抱え込まず、家族、夫、近所の母親、保育所、ベビーシッターなど、さまざまな人の力を借り、支えてもらって子育てをします。
末子が小学校に行く頃からは、少しずつ仕事の比重を増やす、あるいは再就職する、これが四〇代。子どもが高校、大学の頃からは、本格的に仕事に重心を移します。四〇代後半から五〇代は女性が一番仕事に打ち込める時期です。六〇代もまだまだしっかり仕事ができますが、少しゆとりを持つ働き方にシフトする人もいるでしょう。

七〇代は、自分が社会や周囲の人に「お返し」をする時期です。子育て、教育、介護など自分が役に立つ場を見つけて奉仕しましょう。八〇代半ばからは健康、体力が落ちる人も出てきますが、個人差はありますが、楽しみを中心にしてもよいかもしれません。

男性も、子どもやパートナーとの関係を重視する、仕事はもちろん一生懸命すると同時に、人生全体を充実させるという価値観に変わることも大事です。男性も生活の上で自立し、周囲とコミュニケーションを取る力を持つことをめざしてほしいものですが、それを女性も評価し感謝する男性観も必要です。出世や収入だけを男性に求めない価値観も必要になるかもしれません。

自分自身が力を持たなければ夢は実現しない

女性はこうした人生を生きるとしたら、その中でどういう夢や目標を持つのか、そのために必要な力は何なのか、新しい視点で考えなければならなくなっています。「素敵な男性と結婚する」「しっかりした子どもを育てあげる」というのも、「夢」の一つだと思いますが、ほかにもいくつもの夢を持つことができます。宇宙飛行士になりたい、会社を経営したい、人を助けたいなどいろいろな夢を持つことが可能です。

夢や目標はいくら持っていても、持っているだけでは実現するとは限りません。夢なんて甘いことを言っていて、人生が生きていかれるかという「現実的」な考え方もあります。しかし、夢は持たなければ決して実現しません。

「心あなかちに切なるもの遂げずということなきなり」（道元）という言葉があります。夢を持つ、目標を持つ、そのために一生懸命に努力して初めて夢は実現するのです。現実が後からついてくるのです。

私自身も子どもの頃から、たくさんの夢を持っていました。二〇歳の頃には「ちゃんと自分で生活できる仕事につきたい」「複数の子どもを持ちたい」「自分の名前で論文を書いたり本を書いたりしたい」「素敵な男性と結婚したい」「社会で役立つ仕事をしたい」「外国で仕事をしてみたい」などなどです。

いくつかの夢は実現しましたが、実現しなかった夢もたくさんあります。そのために、つらい、悔しい思いも味わいました。それでも「夢」を持っていたから「やってみよう」と思い、自分の人生が充実したと思います。

一方、私は「大金持ちになりたい」と夢みたことはなく、そのために必要な努力もしませんでした。音楽や芸術などで素晴らしい創作活動をしている人は素敵だな……とあこがれますが、私が声楽家になろうとか、画家になろうと夢見たこともなく、そのための準備も練習もしませんでした。科学者になる夢もいつのまにか消えてしまいました。

実現しているのは、自分が夢見たことだけです。人生では夢見たことしか実現しないのだと思います。

夢を実現するのは他の人ではありません。めぐり合わせの運命ではありません。自分自身の力です。一人ひとりの力で実現するのです。

「運命はそれを受ける用意ができる人にほほえむ」という言葉もあります。

これからの二一世紀をになう若い人たちに、ぜひ自分自身の夢を持ち、それを実現させるために、力をつけてほしいと思います。

そのためには、まずは健康であることが基本です。そして何事にも明るくポジティブに立ち向かうことです。人の立場を思いやることができる優しさを持ち、自分のことだけを考えるような人にならないこと。

また賢くあってください。自分が後からみすみす後悔するような行動をしないで、自分で納得して行動することです。

そして、夢を実現するためには、これから私があげる七つの力が必要です。私は常々いろいろな機会に、「夢を実現する七つの力」を身につけてほしいと若い人に訴えかけてきました。「ドリカム・セブン」です。

その七つとは、

一　グローバルに生きる力

二　外国語を使いこなす力

三　ＩＴを使いこなす力

四　コミュニケーションを取る力

五　問題を発見し目標を設定する力

六　一歩踏み出して行動する力

七　自分を大切にする力

この七つは「力」なのです。誰かがしてくれるのを待つのではなく、自分自身が力を持たなければ夢は実現できないのです。

自分が選択し、自分が決定して、自分で人生を切り開いていくための力なのです。

その七つの力について、これからくわしく述べていきましょう。

目次

2章　外国語を使いこなす力

5章 問題を発見し、目標を設定する力

6章　一歩踏み出して行動する力

7章　自分を大切にする力

本文イラスト／田上よし子

1章

グローバルに生きる力

●いま、世界はあらゆる面で一つにつながっている

二一世紀は、グローバリゼーションによって政治、経済、産業、文化などあらゆる面で世界が緊密に一つにつながり始めています。現在、国連に加盟している国は一九三カ国ですが、国境があってもお金（資本）は世界中を駆け回り、中東の政情が石油の値段、食糧の値段を動かし、世界中の庶民の生活を直撃します。

世界の情報はネットや通信の目覚しい進化によって瞬時につながるようになりました。世界中の本もCDもファッションも、日本にいながらにして入手できます。

国際交流や文化交流が盛んに行われています。芸術、スポーツ、音楽、学問のさまざまな分野で世界が一つになろうとしています。すでに科学や医学、芸術など学問の分野では、国境を越えた国際的な取り組みが活発に行われています。

観光旅行や出張も増大し続けています。羽田に国際空港ができ、格安航空会社が

急増して海外に容易に出かけられるようになりました。中国の買物客がデパートや量販店を潤し、サッカーの国際試合の応援に、日本のサポーターたちが、南アフリカまで出かけて行く時代になったのです。

外国に行くには移動に時間とお金がかかるという、これまでの常識が通用しなくなってきています。グローバル化した日本では、食べるもの、着るもの、住まい、自動車のガソリンなど、何もかも他の国から輸入したものを消費することで成り立っています。

また、日本の企業も外国の人が買ってくれる製品を外国で生産、販売しサービスする比重が増えています。

二〇世紀後半の日本では、上司の命令をしっかり理解して、同僚と力を合わせて仕事を成し遂げることや、時間をきちんと守るといった組織の一員としてチームワークをとって働く能力というのがとても重要でした。

真面目で、勤勉で、周りの人と仲良く規則を守って働くことができるような人が、社会で歓迎されました。一つの職場で長い間つきあっているので、自己主張をしない人のほうが好まれました。

　みんなの目標が明らかで、内部で働く人の考えることや仕事のやり方が同じようだった時代、二〇世紀までは、日本の課題だけに対応して正解を見つけ出す人材を必要とされ、それで企業も社会もうまくやっていけました。

　けれども、二一世紀はそうしたやり方では通用しません。グローバル化した世界ははじまったばかりで、皆がこうすればよいか、ああすればよいかと模索《もさく》している最中なのです。

　これからの時代には、まず、「グローバルに生きる力」が求められます。日本の中だけにとどまり、日本だけを視野に入れていたのでは、夢は実現できません。

　では、「グローバルに生きる力」を身につけるには、具体的にはどうすればいいのでしょうか。

●自分の国の文化、伝統、歴史を知る

グローバルな時代になったら、国際人としてまず、外国の人たちと対等に豊かなコミュニケーションができなければなりませんが、いまでは、アメリカの人たちと英語で話せるといっても、それは当然のこと。なめらかに英語が話せるだけでは、もう誰も尊敬してくれません。

英語が堪能《たんのう》になることより、もっと大切なのはなにを話すかという内容です。他の国の人たちに、日本について日本人しか知らないことをきちんとアピールができること。他の国の文化や社会と、自分の国はどこがどう違うのかを、説明することができること。それも、他の国の人たちと共通の言葉で話すことができること。これが第一に大切なことです。

それには自分の国の文化や伝統と歴史を知ることです。それは、自分自身が少し

意識すれば可能です。そのための一番の手段は、本を読むことです。学校での歴史は年表やできごとを覚えることだったかもしれませんが、歴史の中で生きた「人」について知るのです。織田信長でも唐の太宗でも、魅力的な人がたくさんいます。本を読んで歴史の知識を身につけることです。

そして歴史の本を読むときに、ちょっとしたコツがあります。わたしたちは歴史を学ぶとき、日本史なら日本の年代だけを縦に学んでばかりいます。でもこれでは世界の中の日本の動きがわかりません。世界と日本はどんな関係だったのか、グローバルな時代にグローバルなものの見方をするには、日本と世界のつながりを横に見ていくことも必要です。

たとえば、日本の卑弥呼の時代には、中国は『三国志』の時代であり、ヨーロッパではローマ帝国が衰亡していく時期でした。

奈良の東大寺に大仏が造られた頃は、中国では唐の玄宗皇帝の時代で、皇帝の寵《ちょう》妃《ひ》だった楊貴妃が殺され、ヨーロッパでは、ローマ帝国が滅びた後の中世で、シャルルマーニュによってフランク王国が成立しました。関ヶ原の戦があった頃はスペイン王国の隆盛期で、インカ帝国やアステカ帝国が滅ぼされ、アメリカ大陸はスペインやポルトガルの植民地となり、中国では明が滅び、清が興隆していました。このように、日本の国と他の国の歴史を比較して話をすることが大事なのです。

その時代時代で、日本は世界の中でどんな立場にあり、どのような動きをしていたのかということが頭の中に入っていて、話すことができる人になりたいものです。

この歴史の知識を身につけるには、本を読むだけでなく、テレビやドラマを見るときも、他の国はこの頃何があったか関心を持つ「クセ」をつけることです。だれかが教えてくれるのを待っているのではなく、自分で意識するしかありません。

テレビや映画で歴史を題材にしたドラマは、昔からよくとり上げられています。中国の『三国志』は『レッドクリフ』という映画になって評判を呼びました。NHKの大河ドラマも幕末や戦国時代の人々がくりかえし登場し人気があります。こうした映画やテレビも役に立ちますが、より正しい知識をしっかりと自分のものにするには、やはり本が一番でしょう。

漫画で歴史ものや武将のドラマが取り扱われて人気になり、若い女性の間で歴史ブーム、武将ブームが起こったといいます。若い女性たちが日本の歴史に興味を抱くのは大いに結構なことですが、一時のブームで終わらないことと、日本の戦国や幕末などある特定の時代だけを見つめるのではなく、広い視野をもって、他国とのつながりも見てほしいと思います。

たとえば信長は鉄砲を活用して天下統一しましたが、それはヨーロッパの大航海時代に、ポルトガル船が種子島に流れ着いたことから始まっています。イスラム教国が中東を抑えていたので、大西洋、そして太平洋にヨーロッパ人が乗り出したのです。

このような見方をすれば、歴史のダイナミックさを感じることができ、意外な日本と世界とのつながりも新たに発見できるものです。

●世界地図と地球儀を見て場所や位置を確認するクセをつける

本を読んで日本と世界の国々の歴史を縦横に身につけることをすすめましたが、もうひとつ、世界地図と地球儀を見る習慣をつけてください。

世界地図を眺めていると、いろいろな疑問や興味がわいてきて、面白い発見があったり、いながらにして地図上で世界をまわることができます。

今は『グーグルアース』というグーグルがネット上に無料で配布しているソフトで、世界のあちこちの地図を立体的に見ることができます。

世界は一つにつながってきつつあると述べました。飛行機で気軽に世界中に行かれるようになりましたが、訪れる国の歴史も社会の現状も知らないのでは失礼です。国際交流がさかんになったいま、世界の国の位置を地図上で知っておくのは最低限のマナーです。

日本にも大勢の外国人が訪れるようになっています。また日本に生活する人も多くなりました。とくにアジアの方々は急増しています。

お隣の韓国や中国の場所ならわかるでしょうが、ミャンマー、ラオス、オマーン、カザフスタンなどの国の位置が正確にわかりますか？　どんな歴史があるのか知っていますか？

ヨーロッパはさらに複雑です。イギリスやフランスならわかるでしょうが、では、クロアチア、ベラルーシはどこにあるかわかりますか？　バルト三国とロシアの関係はわかりますか？

世界のニュースや事件の報道を聞いたり見たりするときは、地図や地球儀を見ながら、その国の場所や位置を確認するクセをつけてください。

●世界の地理や歴史を知る

このように、世界地図を眺めていると、いろいろな興味深い疑問がわいてきます。たとえば、一三世紀はじめにモンゴル帝国を築いたチンギス・カンは、モンゴル民族を統一し中国北部から中央アジア、東ヨーロッパまでをつぎつぎに支配しました。

じつに当時の世界人口の半数以上を支配する、史上最大の世界帝国モンゴルを築いたわけですが、世界地図を見れば、「蒼き狼」といわれたチンギス・カンがどれだけ広範囲の地域を遠征して攻略したのかが、よくわかります。

同じ頃に日本では鎌倉幕府が成立しており、ヨーロッパでは東ローマ帝国やノルマンディー公国が広い領土を持ち、イスラム勢力が中東からイベリア半島まで浸透していました。

またアフリカの地図を見ていると、不思議なことに気づくはずです。アフリカ大陸の国々の国境は、直線を引いたようにまっすぐですが、これはなぜなのでしょう。それは植民地としたヨーロッパの国々の話し合いで国境が決められているからです。世界の地理や歴史を知っておくことは、グローバルな時代に通用するためには欠かせない知識です。

私たち日本人の中で、隣国の中国や韓国の地理や歴史を正しく把握している人がどれだけいるでしょうか？　とくに、明、清、中華民国、李氏朝鮮、日韓併合など極東の近現代史について詳しくは知らない日本人が多数います。私も唐王朝までの中国の歴史や文化はよく知っているつもりですが、宋、元以降はちょっと自信がなくなります。まして、中東やアフリカ、中南米の国々の地理や歴史となると、まったく知らないことばかりで、今でも「そうだったのか」とワクワクしています。

私は小さい頃から本を読むのが大好きでした。とくに歴史の本が好きでよく読んでいました。小学生の頃は、日本の昔話だけでなく仏教説話やローマ史やギリシャ神話などもよく読んでいました。その知識がいまも、絵画の鑑賞には役に立っています。

ギリシア、ローマ、ルネサンス、エリザベス王朝、ルイ王朝は知っていても、その中間の時代については十分に知りません。もっと聖書を勉強すべきだったと思いますし、コーランも読んでおくべきでした。

●どの国に対しても偏見を持たず尊重する

ボツワナ共和国は南アフリカ共和国の北、アフリカ大陸の南内陸部にある国で、国土の大半は砂漠と湿地帯、自然保護区で、手つかずの自然が残されています。

ボツワナ国民議会議長は、アフリカの女性の人権問題で活躍された方で、今回は、昭和女子大学が設立したＮＰＯ法人が経営する保育園『昭和ナースリー』の視察に訪問されました。

保育園の子供たちが、ボツワナの国旗を振って一行を大歓迎したところ、ボツワナの女性議長はとても感激して喜んで子どもたちをハグされましたが、堂々たる黒人女性にも、子どもたちはまったく物怖じしたり、とまどうことがありませんでした。子どもたちは偏見がないのだなと感心しました。

昭和女子大のキャンパスにアメリカのペンシルバニア州立テンプル大学ジャパンキャンパスが引っ越してきました。アメリカ人だけでなく六〇カ国の学生が共に学び、交流しています。

アメリカに行って英語で仕事をする、ヨーロッパに観光旅行に行くというのが、これまでの日本人の国際感覚でした。でもこれからは、アメリカ、ヨーロッパの先進国でなく、アジア、アフリカなど新興国の人たちとの仕事や交流が活発になっていくはずです。途上国の人たちとも仕事をする機会が増えるでしょう。

そのときに、相手の国に対して偏見を持たないこと、相手の国の文化を尊重でき

ること、アジアの人たちに友人、同僚、時には上司として接することができること、これらのことは、これからの二一世紀の時代に生きる人たちには、絶対に不可欠の素養です。

どの国の人に対しても、臆《おく》する必要もないし、傲慢《ごうまん》な態度になる必要もありません。偏見を持たず公平に自然体で接すること、これが二一世紀に生きる人たちに欠かせない国際感覚です。欧米の英語を母語として話す人でなくとも、敬意をもってつきあわねばなりません。

そして大事なことは、新興国や途上国で、現地の人たちとともに働き、現地の人たちのために尽くすことができる人、このような日本人が、これからの時代に求められるのです。

「グローバルに生きる力」とは、環境問題、戦争、貧困などといった地球規模の問題に取り組んで、経済的に苦しい立場にある国の人たちや、発展途上国の人たちを置き去りにしないことでもあります。

本当の意味でのグローバルに活躍する人とは、相手の国の人たちを利用して自分の利益をあげ、自分の成功に結びつける人ではなく、相手の国に貢献し、相手の国の人たちの暮らしを良くする仕事をして、感謝される人なのです。そういう仕事をする力を持っている人なのです。

●世界の人たちと対等な意欲と野心を持つ

日本の企業の多くが、アジアの大学生を本社の社員に採用しはじめています。現地採用ではなく、日本の本社に採用しているのです。採用された中国の大学生は日本語も短期間のうちにマスターするようです。

いま、中国や韓国やアジアの若者は仕事に対して意欲と野心に溢《あふ》れています。仕事に対するモチベーションが高く明確で、一生懸命です。それに比べて日本の若者はひ弱、内向きで、モチベーションも低いといわれます。

日本の若者もこれからは、中国やアジアの意欲的な若者たちと一緒に仕事をしなければならないのです。このままでは、意欲満々の彼らに日本の若者たちは圧倒されてしまうのではないかと心配です。

東大の学生の競争相手は北京大学、ソウル大学だといわれますが、アメリカへの留学生の数が日本の若者よりも、中国、韓国の若者のほうがずっと増えてきています。中国や韓国の野心に燃える若者たちが、ハーバードをはじめアメリカの一流大学に留学しています。

中国からの留学生や研究者が増えているので、トランプ大統領が制限に乗り出しました。

日本の若者たちの海外で学ぼうという意欲が低下して留学が減っているのと対照的です。無理して留学しなくても、日本にいたほうが安全で便利で快適な生活ができるからです。

かつては日本の若者も欧米諸国の若者のなかで、懸命に努力した時代がありました。明治時代も高橋是清や高峰譲吉、野口英世のような青年がアメリカで活躍しました。昭和三〇年代半ば頃でも「何でも見てやろう」という意欲に満ちて海外に飛び出してチャレンジする若者が多くいました。

たとえば、指揮者として世界的に尊敬されている小澤征爾さんや数学者の広中平祐さんは、若い頃、貧しい日本から海外に飛び出していき、自分たちの能力が通用するかどうかわからない国で、意欲に燃えて必死になって頑張った人たちです。

小澤さんはオートバイとギターを抱えて、貨物船で単身フランスに渡りました。貧しいけれど夢と野心に満ちあふれ、オートバイに乗って日の丸の鉢巻を締め、マルセイユからパリまで向かったエピソードなどはよく知られています。

広中平祐さんは京都大学を卒業後、アメリカのハーバード大学に留学し、専門の難しい数学の研究に打ち込み、「数学のノーベル賞」といわれる「フィールズ賞」を受賞されました。奨学金で留学された広中氏は、成績が悪かったら奨学金を打ち切られてしまいます。必死で頑張らねばならない、まさに背水《はいすい》の陣だったそうです。

今の日本の若者には、このチャレンジ精神、野心が欠落しているのです。日本の若者は「内向き、下向き、後ろ向き」になって国内でのんびり、まったり暮らしたい、日本が一番清潔で便利でおいしい食べ物があって、楽しいと思っているのです。たしかにそうでしょう。でも、いまや狭い日本にだけ引きこもっていたのでは、企業は生き延びることができない時代になってきました。世界の動きに敏感になって、世界の人たちと対等に活躍することができる人間を目指さなければなりません。

●日本が誇る民族衣装・着物のよさを見直す

つぎに、グローバルに生きる力の基礎にあるのは、日本の伝統や文化をしっかり理解し、それを世界に向けて語る力を持つことです。自分が依《よ》って立つ基盤をしっかり持つということです。それがデラシネ、根無し草にならないということなのです。

自分の家族や故郷、祖国を愛し誇りを持っていると、他国の文化に対してもコンプレックスを持たないで生きられます。

他国の人に日本について説明をしようというとき、日本の伝統文化である茶道、活け花、能・狂言、合気道、柔道などが実際にできるほうが、外国では尊敬されるのです。

日本が誇る伝統といえば、その代表的なものが民族衣装の着物でしょう。最近の若い人は着物を着る機会が本当に少なくなりましたが、ぜひ着物のよさを見直してほしいと思います。

私がオーストラリアのブリスベンの総領事として赴任していたときは、現地の人のご自宅に招かれたり、パーティーや会合に出席するときに、よく着物を着ました。外国の方は、着物を着ていくと大変に喜んでくださるからです。

韓国の人は民族衣装のチマ・チョゴリを、インドの人はサリーを、とても大事にし、いろいろな機会に着て存在をアピールしています。アフリカの人達も誇りを持って鮮かな色彩の民族衣裳を着こなしています。日本人も、民族衣装の着物を大事にして着こなせるようになることが、世界の国の人たちとグローバルに生きていくうえで、象徴的な意味を持ちます。

これは私の好みですが、オーストラリアのゴールドコーストというリゾート地で、短パンにTシャツの日本人男性の姿をよく見かけました。Tシャツだと中高年の日本の男性は、足が短くお腹の出ているのがよくわかります。最近の若い人たちは、戦後すぐに生まれた私たちとはちがって、背も高く立派な体格になりましたが、それでも、欧米の若者に比べると、貧弱で見劣りしてしまいます。シンプルな服装だと体格の差が残酷なほど際立ちます。

ところが、そんな日本人男性が、羽織はかまをビシッと身につけると、カッコいいのです。一枚も二枚も男っぷりが上がるのです。

茶道や活け花というと、いまでは女性のたしなみのように思われているようですが、もともとは男性の文化だったのです。ですから、いまの若い日本の男性も、ぜひ茶道や活け花のような伝統文化を身につけ、着物に親しんでほしいと思います。

もっと着物を日常から大切にしましょう。女性も背が高く洋服の似合う人も増えていますが、着物は体型をカバーしてくれます。

●古典の名著に触れる

たとえば昭和女子大学では、文化研究講座を設けて、演劇、コンサートなどさまざまな芸術に親しむ機会をつくっていますが、日本の伝統的なもの、能、狂言、落語や雅楽なども行っています。それまで雅楽なんて聴いたこともない、能なんて意味がわからないといっていた学生たちにも、素養として見せています。

大学の学科では、日本の歴史や文化について力を入れて、歴史文化学科や日本語日本文学科の講座を設けています。歴史文化学では、歴史、考古、美術、伝統文化、地域と民族の文化、文化財、博物館学の四分野について体系的に学習します。「手で考え、足で見る」をモットーにフィールドで歴史を体験することを重視しています。また、仏像や絵画の歴史的側面のほか修復・保存方法も学びます。

日本文学科では、日本語と日本文学を学ぶことは、日本文化を理解し、それを世界に伝えていくための手段を身につけることだと理解し、日本語と日本文学に関する基礎力をしっかりと学びます。とくに古典に題材をとって女性の恋愛や生き方を学ぶ講座は人気です。学生たちは学寮でも百人一首をしたり、四季折々に教室のしつらえを変えた「和の暮らし」を演出したりしています。

私は前著『女性の品格』のなかで、「古典を読む趣味を持つ」こと、「日本古来の花や色の名前を知っている」ことの大切さにふれましたが、いまの若い人にぜひ勧めたいのが、古典を読むことです。

私の愛読書は『古今和歌集』です。古今和歌集というと古ぼけたつまらない文学と思っている人が多いのではないでしょうか？　いまの若い人たちは、現代人気作家のベストセラー小説は読んでも、古典は苦手なようです。

『古今和歌集』は平安時代の九〇五年に成立したわが国初の勅撰《ちょくせん》和歌集で、醍醐天皇の勅令によって編纂されたものです。紀貫之、小野小町、在原業平など多くの歌人の歌が一一〇〇首以上収録されています。平安時代の貴族にとって、古今和歌集を暗唱することが教養とされており、源氏物語、枕草子にも多く引用されています。後世まで日本人の季節観、人間観、美意識の深いところで「うつろう」という『古今和歌集』の感覚が深い影響を与えています。

また、私の座右《ざゆう》の銘《めい》は「愛語」です。「愛語」とは、「人に対して愛情に満ちた言葉を発すること、赤ん坊に接するときのように、深い慈愛を胸に込めて優しい言葉を投げかけること」ですが、『修証義』という本の一節に登場する言葉です。『修証義』は曹洞宗の開祖・道元の著した『正法眼蔵』の教えをまとめた書ですが、この本などはご存知ない方のほうが多いかもしれません。

『古事記』『日本書紀』にはじまり、『万葉集』『源氏物語』など日本には優れた古典の名著がたくさんあります。これらの古典に触れると、ものを見る眼が深まるように思います。

●自分の国の芸術を鑑賞し、味わい、感動する

前項の日本の伝統・文化を身につけることとも共通しますが、自分の国の芸術を鑑賞し、味わい、感動できることが、グローバルに生きる力になります。

昭和女子大学の学生にもよく言うことなのですが、日本人は、ボストン美術館やメトロポリタン美術館に行って鑑賞すると、「わあ、すごい！」と感動します。

たしかにアメリカの美術館で展示されている大量の美術品にはアメリカの豊かさを実感するのですが、しかし、「あなたたちは、日本の国立博物館に行ったことがありますか？」と聞くと、国立博物館も近代美術館も東京の博物館なのに、行ったことがないのです。

いまの若い人たちは、海外の美術館に行って感動するのに、なぜ日本の美術館や

博物館には足を運ばないのでしょうか？　能や歌舞伎もそうです。外国のミュージカルやオペラを見て感動している人が、自国の誇る芸術「能」「歌舞伎」は見たことがないというのです。

またアフリカの人達の造形が現代美術に影響を与えたり、中国の少数民族の織物がパリコレクションに取り入れられたり、現代の〝美〟はヨーロッパ近代から進化しています。ぜひいろいろな文化文明を偏見のない目で享受《きょうじゅ》したいものです。

●地球環境に関心を持つ

いま、地球規模で環境問題が問われています。世界各国が地球温暖化防止に取り組み、CO_2の削減に躍起になっています。空気も水も世界の共有財産で一つの国だけで環境問題は解決できないことから、世界が一つにつながっていることが、よくわかります。

日本の京都では、一九九七年に各国のCO_2削減量を決める国際会議が開かれ、「京都議定書」という各国のCO_2削減の枠組みが決定されました。

二〇一五年にはパリ協定が締結されました。

多くのヨーロッパ諸国は、CO_2削減に取り組み、太陽光発電、風力発電に取り組んでいます。

日本だけが世界の動きに振り回されずに豊かで平和な国でいたいと思っても、一つの国だけで実現するのは不可能なのです。

また、地球はいま水不足に悩んでいます。地球の大部分を海が占めているのに、人類が使える水はほんのわずかしかなく、しかも枯れつつあるのです。商業作物の栽培、工業用水など需要は増すばかりです。中国も内陸部の水不足は深刻です。すでに世界のあちこちで水の権利をめぐって争奪戦が起きています。

このように環境問題に全世界が取り組んでいるいま、一人ひとりも意識を持つ必要があります。「私一人くらいいいや」という考えが大きな影響を与えます。

具体的には、毎日の暮らしのなかでエコや省エネ、ゴミの分別などをきちんとする、余計なエネルギーは使わない、水を大切にするなどです。

CO_2削減に最も効果的だと期待された原子力発電は、福島の事故以来増設は困難になり、脱原発が世界の主流になりつつあります。

●世界の経済の動きに関心を持つ

経済問題は複雑で、専門家でないとわからないから苦手という人が多いでしょうが、関心を持たないでは生きてはいかれません。国際的な経済問題が私たちの暮らしに直結しているのです。

いま、日本は食べ物のカロリーベースでは四一%しか自給できていません。大豆、小麦、トウモロコシなどの穀物だけでなく、エビ、ウナギ、焼き鳥なども輸入されています。

衣料品もそうです。綿も羊毛も一〇〇パーセントを輸入に頼っています。縫製はタイやインドネシアの工場で行われています。

「円高」「円が強い」ということを耳にします。円が強くなるということは、海外旅行がお得になるということだけではなく、輸入したものが安くなるということです。

貨幣相場の一ドルが一〇〇円だったり、八〇円だったりということは、私たちの暮らしの物価に直結しています。円が高くなると輸出産業は不利ですが、輸入や投資は有利になります。

世界の貿易や経済の動きは、私たちの食べ物や衣服、暮らしに直接に影響を及ぼしているのです。

二〇〇八年はアメリカで起きたサブプライムローンに端を発する金融危機が全世界に波及し、ヨーロッパでもギリシャやスペインはたいへんな金融危機に見舞われました。世界不況は、私たち日本の暮らしも脅かしています。

たとえ景気は多少回復しても、給料は少しも上がらないのはなぜでしょう。勤勉な中国やアジアの労働者の賃金と競合しているからです。日本でも経済不況が長く続いています。

経済を刺激する低金利政策が継続しているため、金融機関の経営は厳しくなっています。

なぜ金融危機が起こったのか、なぜ世界に波及したのか、日本はどうなっていくのか、世界経済の動きに対する関心は、自然に湧いてくるはずです。

●どんな環境でも適応できる体力を持つ

日本食は健康でおいしく、世界最高の料理の一つです。日本にいれば日本食だけでなく、世界中の料理が味わえ、コンビニではすぐ食べられる食品が手に入ります。

しかし日本を離れるとそんなわけにはいきません。「水が変わる」とお腹をこわす人もたくさんいます。毎日、外国の大学のキャフテリアで食事をするのに耐えられない人は留学できません。枕が変わると寝つけない人も、グローバルで働くことは難しいかもしれません。

私は時差に弱く、アメリカの東海岸へ行くと、午後が眠く、朝早く目が覚めてしまうという期間がありますが、国際的に通用している人は時差に負けない体力、精神力を持っていると感心します。

グローバルに通用する人材とは、どんな食事でもモリモリ食べ、お腹をこわしてもめげず、ウォッシュレットがなくても平気な人、どんなところでも眠ることができる人ではないかと思います。

実は男性より女性のほうがこうした適応力を持っている人が多いように感じます。日本の普通の都会の生活では、そうした経験をすることがありませんが、できるだけ子どもの頃から山野でキャンプしたり、集団生活をして、都市の便利で清潔な暮らしだけでなく、別の環境で生き抜く力を身につけることが重要です。

昭和女子大学では、一〜三年の学生に毎年全員三泊四日の学寮生活を義務づけています。個室でなく、他人と寝食を共にする経験も、グローバルに生き抜いていくうえで不可欠の力を養う機会になります。

手早く荷造りをし、それを持ち運ぶ腕力があって、まずい食事でもきちんと食べ、気心の知れない人に教えてもらい協力を求め、自分を守る知恵を身につけていなければなりません。それがグローバル社会に生きる「力」です。

2章

外国語を使いこなす力

●自国の言葉を使いこなす力をつける

「外国語を使う力」を身につける話をするのに、なぜ日本語の話が最初にくるのか、不思議に思うかもしれませんが、外国語を使いこなすには、自国の言葉をしっかり使いこなせることが基本です。

これは「夢を実現する力」の四番目にあげている「コミュニケーションを取る力」にも通じることですが、自分の母語をきちんと使いこなすことがまず一番です。外国語もことばです。ことばを使いこなす点では母語を使いこなすのと共通するところが多々あります。

きちんと文章が書ける、文を読んで理解する、手紙が書ける、あいさつができる、履歴書が書ける、本が読める、正しい敬語が使える、そうしたもっとも基礎的な力を身につけてください。それが外国語を身につける力にもつながるのです。

いまの大学生のなかには、三年生になり就職試験の間際になっても履歴書に誤字、嘘字を書いている人がたくさんいます。急に付け焼き刃で勉強しても間に合いません。

昭和女子大学では一年生の必須科目として「日本語基礎」という単位を設けています。この単位を落としたら、もう一回受け直さなくてはなりません。四年生までにしっかりこの授業を履修《りしゅう》しないと卒業できません。

この「日本語基礎」で学ぶ熟語、敬語、ことわざなどは、本当は高校生のときまでにしっかり身につけておくべき内容なのですが、それをもう一度ブラッシュアップして使いこなせるようにするのです。「知ってる、知ってる」とか「教わった、教わった」と済まさないで、本当に使いこなせるようになるには繰り返しが必要です。

一回勉強しただけでは身につきません。三回繰り返して納得します。五回繰り返してやっと身につくのです。

正しい日本語も、繰り返し学ばなければ身につかないのです。誰かに与えられるのを待っているのではなく、自分で繰り返し勉強することが必要なのです。

アメリカでも自国語の英語を熱心に教えます。小学校から大学までスペルや発音だけでなく、エッセイを書く練習をします。特に日本と異なるのは、人前でスピーチや討論を行うことにたくさんの時間をさいています。

●英語で仕事をこなす力をつける

グローバル化が進むに伴って、当然のことですが、「外国語を使う力」も大変重要になります。

いま、日本でも社内の公用語を英語にしようという企業が現れています。企業は世界を相手にビジネスをしているからです。

最近では外資系の会社は当然ですが、大企業のほとんどが英語が使えることが採用条件の一つになっています。TOEICで最低でも五〇〇点から六〇〇点を取ることを要求する企業も増えています。

これからの時代は、ただ英語をしゃべることができるだけではなく、「英語の文章を読み、書くことができる」「英語で仕事ができる」「英語を使いこなす」ということが求められているのです。

●話すべき内容のある外国語の使い手になる

そして、私がここでとくに強調したいことは、外国語の力を身につけることは、話すべき内容のある外国語の使い手になるということです。お天気の話やあいさつをアメリカ人と同じ発音で会話をしても、誰も感心してはくれません。

たとえ、なまりのあるジャパニーズ・イングリッシュであっても、しっかりと中味のある話をきちんと英語で話せることのほうが大切なのです。英語は道具です。

たとえば、国連では世界中の人たちが集まってくる場ですが、ここで交わされる英語はネイティブのアメリカ英語やイギリス英語ではありません。インドなまりの「インディグリッシュ」、シンガポールなまりの「シングリッシュ」などといいますが、インドの人もシンガポールの人も、それぞれのお国言葉の英語なのです。

でも、語るべき内容があれば、みんなきちんと耳を傾けます。専門分野の話は、とくに英語の発音より、話の内容のほうが重要です。

このように、国連の英語は「イングリッシュ」ではなくスペインなまりだったり、フランスなまりだったり、中国なまりだったり、共通語の「ブロークン・イングリッシュ」だといわれるくらいにいろいろな英語が飛び交っています。

潘基文・前事務総長さんは韓国出身の方ですが、ネイティブの英語とはちょっと違います。それでも、堂々と話していらっしゃいます。それぞれのお国なまりのある英語を使いながらも、中味のある言葉、中味のある話でスピーチをしているから、

人を動かすことができるのです。

●英文法をきちんと身につけている

そして、いま私が心配していることは、会話が重視されていますが、それより日本人は英語の文法をきちんと身につけなければならないということです。二〇一一年の四月から小学校で英語を教えることになりました。日本では、英語は文法よりも会話だと強調されていますが、その基礎は、きちんとした文法を身につけることです。

そして、仕事のために専門の英語を身につけること。ボキャブラリーを豊かにすることです。流行の言葉をちりばめた、気の利いた言葉を話す必要はありません。それよりも、折り目正しくきちんとした英語を話すことが大切なのです。

私は、日本人の英語に対する考えを改めなければならないと思っています。日本人は町のレストランで、ガソリンスタンドで通用するような英会話を身につけることに躍起《やっき》になっていますが、それよりも、仕事で協力できるようきちんとした丁寧な英語を話すことができることのほうが大切なのです。

英語の論文や記事をスピードをもって読み書きできる力が必要です。

日本の若者は、韓国や上海の若者と比べると、ＴＯＥＩＣやＴＯＥＦＬの試験で、リスニングはすぐれているが、文法と長文読解が劣ることがわかっています。基礎を身につけていないからです。

●専門分野のほかに英語を身につける

私は三四歳のときに、ハーバード大学のバンティング研究所研究員として一年間留学しました。この頃、総理府で課長補佐級の公務員として働いていましたが、英語を身につける必要性を強く感じていたからです。

当時、私は「女性は日本では能力を発揮する場を与えられないかもしれないが、英語ができるようになれば、海外もふくめ、活躍する可能性が広がるのではないか」と考えていたのです。

公務員の女性は、何か特別な能力を持っている人でないと男性と同じでは通用しないと感じていました。

その頃、私はあまり英語が得意ではありませんでした。当時、同じ公務員で通商産業省には四年先輩に川口順子さんが入省していらして、英語がとても得意なことで霞ヶ関では知られていました。川口さんは、ご存知のように環境庁長官、環境大臣、外務大臣などの要職を歴任された女性官僚の草分け的存在の方ですが、高校時代にアメリカに留学されていて、英語が堪能で、とても目立っておられました。

私も、男性と伍して働いていくうえで、英語ができるという武器を持っているということは、大事なことだと思ったのです。

そして、もう一つ、これは私の持論なのですが、英語を本職とし、生活の糧《かて》として生きていくのはたいへんなことです。たとえば、同時通訳は瞬間的に反応して英語を訳さなければなりません。耳も頭も特別に英語にすぐれた能力がなければできません。英文学者になるのも、アメリカの人たちに対抗してやっていくのは、とても難しいし、翻訳家になるにも、相当すぐれた語学と日本語力が必要です。

でも、自分の専門の分野をしっかりもって、英語もそこそこできるというのなら、努力次第で到達します。科学者も技術者も自分の専門があって、その分野の英語なら使えるというレベルを目指すのです。

ですから、私の娘も医者なのですが、英語が話せるようになっておいたほうがいいと、英語を学ぶことをすすめました。医学界で最高峰を目指すことはひじょうにむずかしいことですが、医者で英語が話せるなら、途上国で役に立ったり世界のどこにいっても生活できると思ったからです。

このように、何か自分の専門の分野を持っていて、語学もできるというのが、これからの時代にキャリアを持って生きていこうとする人には不可欠だというのが、私の持論なのです。

たとえば、会計の専門家だけれど英語もできる、社会福祉の専門家だけれど英語も話せるというキャリアが、これからの時代の外国語を使いこなすスタンスだと思います。そしてそういう人には、いろいろな仕事のチャンスがまわってくるのです。

●英語以外の外国語の基礎的な言葉を知る

二一世紀の国際社会は、文化の多様性を尊重する方向に向かっています。多様性を尊重するとは、自分とは異なる存在を認め、受け入れることです。このような考え方を「ダイバーシティ」といいます。

多様性が尊重されるようになった結果、英語はますます不可欠なものになりましたが、国際社会では英語だけでは不十分です。

アジア、アフリカ出身の人で同じキャリアを積んでいる人なら、英語が母国語の国の人より自国の文化や言語があるだけ有利かもしれません。数カ国の人が集まる場ではみな英語ができるので、英語しかできないのか、という視線で見られるのです。

最近では、アジアの世界進出が目覚しくなってきました。日本とは政治的に対立することが多いのですが、中国、韓国などの発展は目を見張るものがあります。インドも発展しています。日本の企業も国内だけでなく、中国やインドなどアジアに生産工場を置いたり、販売拠点を移す会社が増えています。

中国語、韓国語も必要度が高まっています。昭和女子大では、英語以外の中国語や韓国語にも、力を入れています。

国際学科ではボストンのほか、上海の上海交通大学、ソウルの淑明女子大学とも交換留学で留学する制度があります。

台湾には英語で教育を行うボーディングスクールがあって、そこでは英語と中国語の力を身につけることができるからと、日本から子どもを台湾に送る親もいるそうです。英語以外の外国語を身につける日本人がいま必要とされています。

●中国語、スペイン語、アラブ語に注目する

英語以外の外国語を身につけるとしたら、いまは日本のビジネスと中国との関係が深まっているので圧倒的に需要が大きいのは中国語です。二番がスペイン語、三番目がアラビア語でしょうか。

中国は、ご存知のように、二〇一〇年にGDP(国内総生産)は日本を抜いて世界第二位の大国に躍り出ました。アメリカを抜いて世界一の経済大国になるという予測もあります。

スペイン語が重要だというのは、南米で使われているからで、ブラジルはポルトガル語ですが、南米の国々が目覚しい経済成長をとげて伸びてくるのははっきりしています。さらに、アメリカ国内のスペイン系の人たちが、すごい勢いで増えています。

アラビア語は中東や北アフリカ、アラブ諸国の公用語で、世界のなかでもひじょうに広い範囲の地域で使われています。今後は中東やアフリカ諸国とおつきあいする機会もどんどん増えてくると思われます。

英語を身につけたうえで、もう一カ国語をマスターするとしたら、中国語、スペイン語、アラビア語がこれからは必要性が高まってくるはずです。

●外国人と英語で話し、聴き取る能力をつける

昭和女子大学では、日本と世界の融合点を発見し人類の向上発展に貢献する人材の育成を目指し、一九八八年、ボストンに海外キャンパス・昭和ボストンを開設しました。

英語教育、国際交流の拠点として、世田谷キャンパスと連携した英語カリキュラムを実践し、小学校教育、栄養士、福祉などさまざまな体験型留学コースを設けて

います。

また、留学以外でも、ボストンを訪れた際は、在学生、卒業生、昭和女子大に関係があれば、昭和ボストンのゲストハウスを利用することができます。

昭和女子大学ではこのような留学制度により、英語を身につけることに力を入れています。

英語コミュニケーション学科では、昭和ボストンで六カ月学ぶことが必須科目になっています。さらに一年間コース、一八カ月滞在するコースもあります。そこからアメリカや世界中の大学に留学する学生もいます。

当大学の在校生ではない方々も、いまはどの大学もさまざまな留学制度やホームステイなど、外国で学ぶシステムが揃っていますから、ぜひチャレンジして、世界へ羽ばたいて行ってください。

官民がサポートするトビタテ!留学や各種の奨学金もあります。

「英語がうまくしゃべれるか」が問題なのではなく、「英語で仕事ができる」「英語を使いこなすことができる」ということが求められています。

●インターネット上で英語でアクセスする力をつける

また、私がもう一つ強調したいことに、最近はリスニングや会話だけでなく再び英語の読み、書きの力がとても大事になってきているということがあります。素早く読んで文意をつかみ、自分から発信できる能力です。

いま世界は、情報化社会に突入し、情報を処理する能力がないと仕事にもつけなくなりました。世界のインターネット空間では、英語が使われます。英語で発信される情報量が圧倒的に多いのです。英語のホームページに英語で直接アクセスできると、多くの情報を手に入れることが可能になります。

インターネット上の百科事典といわれる「ウィキペディア」は、便利な情報源ですが、これも日本語に訳されている項目は一部にすぎません。英文雑誌の論文や新聞などもネットですぐに入手できます。英語を読む力があれば、もっと多くの内容を読んでより豊富な知識を得ることができます。

インターネット上で、英語でアクセスする力を身につけていることは、これからの時代には欠かせない能力です。

●ＴＯＥＦＬやＴＯＥＩＣの試験で得点を伸ばせる

英語の能力をはかるテストで、よく知られているのが実用英語検定、ＴＯＥＩＣとＴＯＥＦＬです。英検は中学や高校での英語力を測定するのに使われています。

ＴＯＥＩＣは、正式には「国際コミュニケーション英語能力テスト」（Test of English for International Communication）といい、国際ビジネスコミュニケーション協会が実施する、英語を母語としない者を対象にした英語の実務能力、コミュニケーション能力を判断するためのテストです。世界一五〇カ国で実施され、年間約七〇〇万人が受験しています。ＩＬＥＴＳ、ＧＴＥＣなど多くの試験があり、アメリカ留学においてはＴＯＥＦＬ何点以上というように要求されます。

いっぽう、ＴＯＥＦＬは「外国語としての英語のテスト」（Test of English as a Foreign Language）といい、アメリカの非営利の教育団体が開発したテストで、世界の英語検定テストの中では、最も幅広い国々で実施されているテストです。

受験者がアメリカやカナダなどの英語圏の大学や大学院に入学して学業を修めるだけの能力があるかどうかを判断します。

最近では企業が新入社員の採用時に「ＴＯＥＩＣの点数が六〇〇点以上」というような英語能力を要求するようになりました。「ＴＯＥＩＣの点数七五〇点以上」というハイレベルな基準を設けている企業も増えています。

今、中国や韓国、台湾、シンガポールなどの若者たちは、ＴＯＥＩＣやＴＯＥＦＬで高得点を取り、英語を使いこなせる能力を身につけてグローバルに活躍しています。

最近では、日本の一流電機メーカーが、韓国のサムスン電子、ＬＤＧなどの企業にすっかり業績で負けていますが、韓国のこれらの企業では、ＴＯＥＩＣが八〇〇点以上でないと通用しないといいます。

日本の若者でも、中国や韓国の若者より、英語を使いこなして仕事ができる人はいますが、その数があまりにも少ないのが現状なのです。

これからの時代の若者は、英語で意見を発信できる、英語で仕事ができる能力が必要不可欠なのです。そういう力を身につけた分厚い層を、これからは日本も育てていかなければなりません。

3章

ＩＴを使いこなす力

●ITを使いこなして世界を相手にビジネスする

いまでは、パソコンを使いこなすこと、ワード、エクセル、ライン、パワーポイント、ユーチューブ、フェイスブックなどを操作できるのは、職業人として当たり前の能力になりました。昔はプログラミングや入力の専門家がいましたが、パソコンの進歩によって誰でも使いこなせるようになりました。

その基盤の上でさらに上のテクニックを使いこなせるかどうかで、仕事の場、活躍の場がまったく違ってきてしまいます。

二〇一一年の一月末、エジプトのカイロで大規模なデモが発生しましたが、このデモを呼びかけたのは、インターネット上で組織されたグループでした。デモが動員されて政府は抑えつけようとしましたが、デモの動員はフェイスブック上で行われていたといいます。かつて共産主義体制を倒したのは、衛星テレビだといわれていますが、二一世紀はインターネットです。

二〇一九年夏からの香港のデモでもＳＮＳによって情報が共有されています。


いまやビジネスには、ＩＴは不可欠なものになっています。逆にいえば、ＩＴが使いこなせれば世界を相手にビジネスができるということです。

アメリカの人たちは、アメリカの地方都市に住んで、ＩＴを使ってウォール街や世界の大都市と取引し、ビジネスを行っています。

アメリカの企業では、本社は自然に囲まれた地方にあって、ＩＴを使ってビジネスをするというライフスタイルを好む経営者や社員が多いのです。

日本ではいま、地方の人口が減って活力が失われていることが問題になっていますが、地方にあってＩＴを使いこなし、世界とビジネスをする手法を増やしていくことが必要ではないでしょうか。

アマゾンやアリババのようなＥコマースによって、世界中どこにいても欲しい品を購入することも可能です。

ＩＴを使いこなせれば、どんな地方にいても世界を相手にビジネスができるのですから、便利な世の中になったといえるとともに、世界中に競争相手がいるということです。

●情報処理能力を持つ

いまやアメリカや世界中で人々の働く場は、物づくりの製造業から情報の分野や金融サービスの分野に移っています。

それはアメリカの失業率にもはっきりと現れています。アメリカの失業率の統計を見ると、大卒以上の人の失業率は少なく、高卒以下の人の三分の一なのです。つまり、情報を処理する能力を持っている人たちが、職についているのです。情報を処理する能力がないと、仕事にもつけないということです。

おそらく、日本も遠からずそうした傾向になっていくでしょう。

一九九四年から二〇〇六年まで一三年間連続して世界一の大富豪になったアメリカのビル・ゲイツはマイクロソフト社の共同創設者で、ウインドウズの開発者です。ＩＴに関する新しい仕組みや基礎をつくりあげた人が、途方もない収入を得るのです。

情報検索エンジンのグーグルは、たいへん大きなビジネスとして世界的に発展しました。しかし、デスクトップのパソコンはすでに過去のものになりつつあります。これからは携帯可能なスマートフォンが、ますます仕事に不可欠な道具となって世界中に普及していくでしょう。これらは持ち運びのできる書斎としての機能を持っています。

アイフォンやアイパッドをつくろうというアイデアが、アップルという会社を世界的に影響力の大きな企業に育てました。ペプシコーラの社長をアップル社に誘ったときの殺し文句が「砂糖水を売って金を稼ぐより、世界を変えてみないか」だったそうです。

日本もこれからはそういう人たち、自分のアイデアや力で世界を変えようという人材を生み出すことができるでしょうか。他の人のひきおこした変化にふりまわされているだけではだめです。

少なくとも私たちは、そういう変化の大きい世界を生きていかざるをえないのです。情報を扱うことができる力は必要不可欠だということです。

●嘘や悪意に満ちた情報を見分ける力を持つ

ここで私が一番強調したいことは、「ITリテラシー」です。「リテラシー」とは「識字」という意味で、ITリテラシーとは、情報を効率的に探し出し、精査して自分の目的に合ったように使いこなす能力だけでなく、危険から身を守る常識も備えていなければなりません。

インターネット空間に飛び交っている情報には、気をつけないと嘘や偽の情報もたくさんあります。インターネットの情報には、個人が発信しているものが多くあり、なかには悪意に満ちたものも際限なくあります。二〇一六年のアメリカ大統領選挙では、フェイクのニュースが意図的に発信されました。

新聞や雑誌では訓練と経験を経た記者が記事を書き、それをチェックし、責任を取る体制がありますが、インターネット上の情報はチェックされていません。

そういった嘘の情報や悪意に満ちた情報を見分ける力、振りまわされない力が、ITを使いこなす力の最たるものではないかと、私は思っています。

いま、インターネット上では2チャンネルや裏サイトで悪意に満ちた情報を書き散らす人がいます。このような情報は無視する力、真に受けないバランス感覚が必要です。また、それと同時に、自分の情報をこれらのサイトで悪用されないようにする用心深さもとても大事になっています。

GAFA（google, Amazon, Facebook, Apple）と呼ばれる情報産業が社会に大

きな影響を与えています。
その中で自分の実名や個人情報が悪用されないともかぎりません。クレジットカードのパスワードが盗まれて使い込まれることもあります。また、自分が発信した情報は、地球の裏側まで飛んでいくのだという認識も必要なのです。その覚悟のうえで使いこなすことが必要です。

いまは情報が山ほどあふれています。本当に必要な情報はどれなのか。読む必要もない、見る必要もない情報の海に、たまに良い情報がまぎれているのですが、それを見極める眼力、識別する力を、これからの若い人たちは持たないとならないのです。しかし、それは個人では難しいので、それを審査し、評価するビジネスがこれから増えるかもしれません。

●自分の情報を守る知恵を身につける

この情報社会を生きていくうえで、いまこそ自分の情報を守る知恵が必要なのです。個人情報を悪用するケースが急増しているからです。とりわけSNSと呼ばれるネット空間には個人情報があふれています。

たとえば携帯サイトで知り合った人が、実はにせ者なのにテレビ関係者、医師などになりすましていて騙《だま》されるというような事件が起きています。

あるいは、仲間うちで楽しんでいたメールやブログに、他には漏《も》れないと思って書いたことが、気づかないうちに転送されて広まってしまったりします。匿名で書いたからわからないだろうと思って、自分の失敗談を面白おかしく書くと、誰が書いたのか特定されて会社や家族に知られてしまうことがあります。

アルバイトの店員がふざけて投稿した動画でそのフランチャイズの店が信用を落

とすこともあります。

友人を面白がらせようと書いたことが、世間に漏れて自分を傷つけることになる場合もあるのですから、情報を守る知恵を身につけないとなりません。

昔は、夫が妻に内緒でほかの女性に書いたラブレターを妻に見られてしまうという設定のドラマや小説がありましたが、今は携帯メールでしょう。

もっと恐ろしいことは、自分が発信した情報をネタにして、脅迫をしてきたり、犯罪に巻き込もうという悪意に満ちた行為が行われているので、そうした犯罪に巻き込まれない賢明さが必要です。あるいは、そうした犯罪の被害者になったら、警察に相談し、断固たる処置を求めなければなりません。

インターネットサイトはある面でとても恐ろしいものです。自殺サイト、家出サイト、薬物サイトが具体的な情報を教えたり、仲間をつのったりしています。このような悪意に満ちた情報が渦巻いているのも、ＩＴ空間なのです。

●ＩＴ機器を使いこなすと同時に危険も熟知する

ソーシャル・ネットワーク・サービスにはフェイスブック、ユーチューブ、インスタグラムなど次々と新しいプラットフォームができています。

携帯電話でも、出会い系サイトや怪しげなサイトにアクセスして、未知の悪人と接触して犯罪に巻き込まれる場合もあります。携帯電話で仲間をつのって殺人事件を犯したり、携帯サイトを通じて売春行為をしたり、危険に巻き込まれる事件は増える一方です。

中高校生が携帯電話をもつのがあたりまえになってきていますが、小学生にももたせるべきか議論になっています。これからはもつかもたないか、ではなく、どのようにかしこく使うかを教えることが必要になっていくでしょう。

これからも新しいＩＴ機器が出回ってくると、また新たな犯罪がおきてくる危険性もあります。

インターネットはじめこれらのIT機器は、使いこなせば、日本にいながらにして世界を相手にビジネスもできるし、世界中の人と通信することができる非常に便利な道具です。

しかし一方では、その便利な道具が自分に害悪や危険をもたらすことがあるのですから、しっかりと情報から身を守る術を考えなくてはなりません。

正に両刃の剣です。

4章

コミュニケーションを取る力

●自分の考えを正確に発信する

二一世紀のグローバル化する国際社会では、人と人とを結ぶ「コミュニケーション力」が、まず第一にとても重要なキーポイントになります。

いろいろな場でコミュニケーション力の大切さは取り上げられていますが、経済産業省は「社会人基礎力」、文部科学省は「学士力」のなかで重要なアイテムとして、「コミュニケーションを取る力」を要求するようになってきています。

国が、コミュニケーション力を大学でしっかり身につけさせてほしいと言ってきているのです。本当は小、中、高校の間で学ぶべき力ですが、それが今は十分でないので、社会に出るまえに、ぜひ身につけてほしいというわけです。

大学を出ても人と話ができない、人の話がわからない、人の話が聞けない、九〇分間の講義を集中して聞くことができない、雑談をする、居眠りをするといった若い人が増えているのに、社会が困っているのです。

社会人としての基礎力や「学士力」でいうコミュニケーション能力とは、相手ときちんとコミュニケーションを取り、しっかりと相手の言うことを聞いて、理解して、自分の考え方を正確な言葉で丁寧に発信する。そのやり取りができる力を大学でぜひ、身につけさせてくださいと言っているのです。

人は一人では生きていけません。社会で生きていくうえでは、人との協力・協動が不可欠です。どんな国、どんな職場、どんな立場にいても、コミュニケーションを取る力が人とつながるすべての基礎になるのです。

とくにこれからグローバル化が進み、育った環境も価値観も異なる人と一緒に仕事をし、生活をするなかで、この力はますます大事になります。

●笑顔で挨拶し、誰とでも気持ちよくつきあう

コミュニケーションを取る力というのは、基礎的なことから応用的なことまで、それこそ本当にいろいろなレベルがあります。

コミュニケーションというと、自己表現力や人前できちんと話をする能力のことのように思う人が多いのですが、そればかりがコミュニケーション力ではありません。表情、態度、物腰、服装もコミュニケーションの一つです。

コミュニケーション力の第一歩は、笑顔で挨拶することです。学歴の高い人でも、笑顔で挨拶するというような基本的なことができない人、人から声をかけられてとまどってしまう人がじつに多いのです。

普段から挨拶する習慣がないからでしょうが、何歳になっても遅すぎるということ

とはないので、笑顔で挨拶する習慣を身につける努力をしましょう。

三カ月も続けていると、習慣が身についてくるものです。挨拶をするときは、笑顔で相手とアイコンタクトをする、会釈をする、頭を下げる、という動作を習慣にしてしまうことです。

コミュニケーションの最初の手段では、笑顔や挨拶で自分自身が明るくきちんとした健康な人間である、心が健全な人間であることを相手にわかってもらうことです。明るく積極的に、良い人生を生きている人だなという印象を相手に持ってもらうためには、笑顔と姿勢です。笑顔と態度、物腰が人の第一印象を大きく左右するのです。

誰にでも笑顔で気持ちよく挨拶することができるかどうかが、その人が感じがいいか悪いかを決めてしまいます。それによって、人とのつながりもそれでおしまいになるか、もう一歩深まるかが決まります。

私は、いつも昭和女子大学でたくさんの学生とすれ違います。このとき、私のほうから「おはよう」とか「こんにちは」と声をかけるようにしていますが、それでも「おはようございます」「こんにちは」と返してくれる学生は六割くらいでしょうか。三人に一人は知らん顔をしているのです。これはとても残念なことです。

なかには携帯電話で話をしている、携帯メールに心を奪われている、アイポッドで音楽を聴いていて周囲に関心を持たない学生もいます。

大学の正門の守衛さんにも、登校する学生には「おはようございます」と声をかけてもらっていますが、それに対して挨拶を返す学生が少ないのはとても残念です。

また、私は卒業式のとき、卒業生の一人ひとりに直接卒業証書を手渡していました。一人ひとりに「卒業おめでとう。四年間頑張ったわね。これから昭和女子大にとってかけがえのないファミリーの一員になるんですよ」という気持ちを込めて「おめでとう、頑張ったわね」と声をかけ、卒業証書を渡しているのです。

そうすると、「ありがとうございます」と小さな声で答えながら、目と目を合わせてニコッと笑ってくれる人もいますが、そっぽを向いている人もいます。こういう態度の人は、卒業までに嫌なことがあったのだろうか、悩みがあるのだろうかと、心配になります。このように周囲の人たちに心配をかけるのですが、じつは本人は何も意識していないことが多いようです。

彼女たちはコミュニケーションがうまく取れないので、社会に出てからとても困ることでしょう。会社で辞令をもらうとき、上司から書類を手渡されるときなど、横を向いて会釈もしないようでは好感を持たれるのは難しい。

笑顔で「ありがとうございます」とか「頑張ります」と言って受け取ると、渡したほうも、受け取ったほうもまったく感覚が違います。このちょっとした積み重ねが大切なのです。

口うるさいと思われても、教師や親や周囲の大人は若い人に教えてあげなければ、そうした習慣を持たせることができません。

●見知らぬ人とも気持ちよくつきあう

日本人は、内輪の人の中では、気を遣いながらふるまい、知っている人の間ではじつに礼儀正しいのですが、公衆の場や知らない人の中では、人にどう思われようが、無関心というか、無作法になります。

電車の中で周りにかまわず新聞を大きく広げて読んでいる男性もいれば、平気で化粧をする女性もいます。周りの迷惑を考えずに、自分たちだけで盛り上がって大騒ぎをしている中年女性もいます。

日本人は、知っている人たちの間では恥ずかしがりやで、とても周囲を気にする人たちなのですが、それが、パブリックな場になると、堂々と無作法なことをしてしまうのは、周囲に関心がない、人を人とも思っていないからです。

ボディランゲージも大切です。講義をしていても、聞いている学生の態度できちんと講義を聞いているか、聞きたくないのかはすぐにわかります。あなたがどういう態度をしめすかによって、相手は不快になったり好感を持ったり、気分を左右されます。「ぜひ、魅力的なたたずまいの女性だといわれるような立ち居振る舞いを身につけてください」といつも学生に言っています。

見知らぬ人たちとも気持ちよくつきあうことができる能力というのも、コミュニケーション力の現れです。

もしも誰かと話をしているときに、あなたがそっぽを向いていたら、いくら耳ではしっかりと相手の話を聞いていても、相手は「あいつは私の話を聞いていない。そっぽを向いていたぞ」と思われます。態度、外見を整えることは、とても大事なことなのです。

●自分に似合う服装を選び、姿勢に気をつける

コミュニケーション力の二番目は外見、見た目です。人は人のことをまず見た目で判断します。美人か、スタイルがいいかどうかではありません。どういう服装で、どういう態度、物腰なのかが問題なのです。第一印象は悪くても長い間つきあっているうちに、じつはいい人だとわかることも多々ありますが、多くの場合、第一印象の悪い人とは二度と会おうと思いません。第一印象は大事です。

そして服装にちょっとだけ気を使ってください。自分に似合う服装を選び、きちんとした姿勢をしてください。髪の毛が黄色だろうが、メイドファッションだろうが、「内容がよければいいでしょ」と本人は思っていても、よく知らない人だと「何、この人は!」と思われてしまいます。

学生は学生らしい服装、奥さんには奥さんらしい服装、公務員には公務員らしい

服装、銀行員には銀行員らしい服装というものがあります。

そういう「らしい服装」を抵抗なく着ることができる人は、自分の職業を愛し、誇りにし、真剣に向き合っていることを表現しているのだと思います。

自分の職場に反発したり、すねたり、服装でも反抗したいなら、転職すべきです。制服を着ているときは、その制服が提供するサービス、その制服に期待されるサービスをきちんと務めなくてはならないのです。

たとえば警察官や消防士、看護師などは、その制服にふさわしくふるまうよう、職業人の倫理として期待されています。服装によって周囲の期待は大きく影響を受けるのです。

どういう服装をするかということは、自分がどういう人間であると見られたいかということの表現なのです。「自分はこういう役割をするのですよ」ということを、服装で表明しているのです。

●「ちょっとおしゃれだな」と思わせる服装をする

学生の場合は、たいてい高校生までは制服があり、大学生になって服装がいきなり自由になります。大学生を見ていると、一年生の夏ぐらいまでは、服装の選び方が間違っているな、失敗しているなと思える学生がけっこうたくさんいます。そのうちにだんだん自分に似合う服装を選ぶようになり、コーディネートもうまくできるようになってきます。

まだ服装選びがヘタな時期に、「そんな恥ずかしい服装するのはやめなさい」「学生らしくこれこれのドレスコードに従いなさい」と、指導するべきなのか、それとも自分で失敗して痛い目にあったり、友達から「似合わないわよ」と言われて、だんだん自分でセンスを磨いていくまで目をつぶっているべきなのか、私も迷います。

昔の昭和女子大では、学生がおかしな格好をしていたら、大学の名誉にかかわるというので、服装の指導を厳格にしていました。ドレスコードが厳しくて、ノースリーブやジーパンは禁じられていたといいます。もちろん髪の毛を染めるのなどは、とんでもないと、とても厳しかったのです。

でも、そうした厳しい規則には学生たちは反発します。若い人は自分で似合うと思う服装をしてみたいのです。そして、実際に着てみたら思っていたようには似合わないことがわかるので、自分に似合う服装を見つけるセンスを自分で磨いていく経験は、大事なことです。

服装に関する基準は時代によって変わってきています。上から一律に「らしい」服装をおしつけてはいけない。

しかし改まった席に出るのか、講義を聴くのか、実習に出るのか、TPOによってふさわしい服装はあります。学生は失敗することが許されますが、社会人になったらそうはいきません。服装によって評価されるのだということを忘れないで服を選ぶべきだと思います。

日本人男性は、目立たないほうがよいと、チーフやネクタイなど保護色のスーツを選んだり無難な服装を選んだりしがちです。でも、そのときに、ちょっとおしゃれだな、ちょっと気をつけてるなと思わせる服装ができることは、いいコミュニケーション能力だと思います。

●その場にふさわしいおしゃれをする

自分に似合うと思って買ったのに、着てみたらまったく似合わないという経験が私にもたくさんあります。そうした経験を通して、自分に似合う服装やスタイルがわかってきます。自分に似合うと同様に大事なのは、TPO（時・場所・機会）にふさわしいことです。

セレモニーのときなど、けじめをつけるべきときはきちんとした服装をして、リラックスする時、非日常はそれにふさわしい服装があります。

キャンパスの中で、どんなに暑くても、黒いスーツを着ている学生がいます。この学生たちは就職活動中の三、四年生です。暑い中でも黒いスーツをビシッと着ているのは、「私は真面目に一生懸命、真剣に就職したいと考えています」というメッセージを服装を通じて示すためになのです。

企業は「個性ある人物を採用したい」とうたっていますが、実はあまり変わった人を歓迎しないことを学生は知っています。

服装というのは、最大のメッセージです。きょうは真面目に対応しています、素敵にしていますよ、華やかに座を盛り上げようとしていますよ、など服装には、着る人のそのときのいろいろなメッセージが込められています。

ですから、それぞれの場にふさわしい服装をすることが一番です。そして節目節目では、きちんとした服装をしてくださいと言っています。

私がアメリカやオーストラリアで暮らしていたとき、向こうの女性たちのファッションをよく見てきました。昼間はビジネススーツをビシッと決めている女性が、夜のパーティになると、肩があらわなデコルテで、ピカピカ光るような華やかなドレスで現れるのを見て、その変身ぶりに、とても素敵だなあと感心したものです。

欧米の女性はTPOを使い分け、メリハリをつけるおしゃれが上手なのです。日本人もTPOにふさわしいファッションでメリハリをつけておしゃれを楽しんでほしいと思います。

夏になると、キャンパスにも、まるでリゾート海岸に来ているような服装の学生が現れますが、これはNGです。自分がいま、どのような服装を、どのような態度を求められているかがわかる女性になってほしい、それが大人の素敵な女性なのです。

それから、これも大人のアドバイスですが、若い人がセレモニーに出るときは、ひとつ上のランクの服装をしたほうが好感を持たれます。

たとえば「どうぞ平服でおいでください」というメッセージがあった場合、年齢が上で地位や身分のある人は、その通り少しくらいくだけた格好でもいいのですが、年が若い人やまだ肩書きも地位もない人は、ちょっとかしこまった格好をしたほうが好感を持たれるのです。

こんなときに、若い人がくだけた格好をしていくと、「何だあいつは。こういう場に生意気なやつだな」と誤解されます。

まだまだ日本は年功序列的な感覚を持つ人が多いのです。「だからいつも気楽に仲間といるような気分でいたい」というのは、怠慢な考え方です。

●爽やかで健康的ないい印象を与える

そして、姿勢は、人に好印象を与えるひじょうに重要な要素です。私は機会あるごとに、いろいろなところで姿勢がいかに大切かについて語ってきました。

座っているときは、腰骨と背筋をまっすぐに立てる。歩くときも、背筋をピンと伸ばしてさっさと歩く。普段は歩きやすい靴を履いて、おしゃれでヒールが高い靴を履かなければならないときは、履き替えます。

近頃の若い女性のなかには、かかとの細いミュールを履いて職場や学校に行く人がいます。細いミュールでしなしなと歩くのを、魅力的だと誤解しているのでしょう。

一般の社会生活をしている場と、細いミュールを履いてしなしなと歩く場とは、使い分けなくてはなりません。

テキパキ仕事をする場と、プライベートでおしゃれを期待されるような場とは、使い分ける聡明さが必要です。適応力があること、仕事の場とプライベートの場で使い分けることができる能力、それを面倒がらずにできる能力、これもとても大事なコミュニケーション力の一つなのです。


姿勢をきれいに正すこと、これが、どんな体形の女性でもスタイルを美しく見せる秘訣です。姿勢を正すと、一瞬にしてスタイルがグンとよくなるから不思議です。

そしてよい姿勢は、相手に爽やかで健康的ないい印象を与えますから、コミュニケーションカの基本となるのです。

江戸時代や明治時代には女性はへりくだって小さくなっていなければなりませんでしたが、今はちがいます。

よい姿勢をつくるには、先に書いたように背筋をまっすぐ伸ばし、肩甲骨を寄せ、腰骨を立てることが大切です。背筋が曲がっていると、老け込んでしまいますが、姿勢のいい人は、年齢を重ねても老け込むことがありません。

座っているときも、立っているときも身体をまっすぐにして背筋をぴんと伸ばしてください。背に一本心棒が入っているような感じです。

背筋が伸びると歩く姿も美しくなります。常に美しい姿勢でいると、いつも明るい気持ちでいられることでしょう。

●アサーティブである

「アサーティブ」とは「自分の意見を明確に表すこと」です。かつて日本の女性は自己主張などせず、言いたいことも言わないで黙って耐えることが美徳とされていましたが、現代では自分の意見をしっかりと持ち、はっきり述べることはビジネスでも日常生活でも大切になっています。

ですが、「自己主張」という日本語は自己中心的な響きがあり、自分の主張を押し通すといった我の強さを感じさせます。自己表現といいかえた方がよいかもしれません。

本当の「アサーティブ」は、友好的に好感を持って自分の考えを伝える能力、相手を傷つけずに自分の言いたいことを伝える能力を持ち、相手からの反応を受け入れて柔軟なコミュニケーションができる能力です。

私は一九八〇年代に、研究員としてアメリカでしばらく暮らしていたことがあります。この頃は、女性が社会の各分野に進出しはじめていたのですが、アメリカの女性もまだまだ自己表現に慣れていなくて、アサーティブ・トレーニングを必要だと言っていました。自分の言いたいことを言う訓練です。

あれから四〇年近くたっていますが、日本の女性もやっとアサーティブになることの必要性に気づいてきています。

国際的な場でも、どんな公の場でも、「アサーティブ」でありたいもの。そのためには「自分の言いたいことを伝える努力を放棄しないこと」が大切です。

自分は話しべただから相手にわかってもらえないのは仕方がない、と最初からあきらめている人は、自分に甘えているのです。あきらめないで、どうすれば通じるか相手にわかってもらう努力をしましょう。

「相手にわかってもらえない」「言いたいことが伝わらない」「話しべたで話題がない」と思っている人は、まず、話す準備と練習をしていますか？　相手についての情報を集めていますか？　ＴＰＯに合った話ができていますか？　自分の話し方を振り返ってみてください。

また、「相手が聞いてくれないから、相手が悪いから話が伝わらない」と相手のせいにしている人も、自分が伝える努力を放棄しているのです。大学教師も、最近の学生は基礎学力がない、知的好奇心がないという前に、そういう学生に伝わる授業の工夫が必要です。

難しい言葉を、言い方を変えてシンプルな言葉にする、話し方のトーンを変えるなど工夫を重ねることも大切です。

●TPOに合った言葉を選べる

アサーティブであることとは、TPOによって言葉を使い分けることができるということでもあります。その場に応じて敬語や丁寧な表現、気の利いた言い回しができる人は、どんな場でも通用する力があります。

とくにいまの若い人は、敬語や気の利いた表現ができません。日本語には昔から、美しく、気の利いた言い回しがたくさんあります。

たとえば人にお願いごとをするとき、ただ「お願いします」と言われるより、「お手数をおかけしますが、これは○○で将来に関わる案件で、上も力を入れております」と言われると、引き受けたくなるものです。

ただ「道を教えてください」と言うより「恐れ入りますが、○○へはどのように行ったらいいのでしょうか?」と言ったほうが好感をもたれます。

この「恐れ入りますが」「お手数をおかけしますが」という言葉は、なくても通じますが、ひと言会話のなかに入れるだけで、言われた相手の印象はガラッと違ってきます。ソフトでやわらかな好印象になるから不思議です。このような言葉を「クッション言葉」といいますが、職場や上司、目上の人との会話にはとくに意識して使うといいでしょう。

TPOに合った言葉を使うことができること、使えるボキャブラリーをたくさんもっていること、これも大切なコミュニケーション力の一つなのです。

●ポジティブな言葉を使える

日本人はポジティブな言葉を使うのも、前向きに考えることもヘタな人が多いようです。私の友人でアメリカのボストンに住んでいるルーシーという女性がいます。彼女はたいへん魅力的な女性で、ボストンに行くたびに必ず会う友人の一人です。

彼女が魅力的なのは、常にすべての事柄を前向きにとらえることができ、ポジティブな言葉を使って、周りの人たちを明るくハッピーにしてくれるからです。

たとえば、夕食を一緒にしようと思っていたのに、スケジュールが合わずに昼間にお茶を飲んだだけですませてしまったとき、普通なら「夕食の時間がなくて残念だった」と言うところを、彼女は「素敵な午後に一緒にお茶が飲めてよかったわね」と言うのです。

私がパネルのコーディネーターをしたときにはかけつけて、「私はあなたを誇りに思う」と最大限のほめ言葉を使ってほめてくれます。

●文章や言葉を読んで理解し、要点をつかむ

コミュニケーション力のなかで、日本語の文章や言葉を読んで理解し、要点をつかむ能力は、とても大事で、「読解力」といいます。

本だけでなく、インターネット、メール、ホームページ、携帯メールまで含めて読んで理解し、正確に把握することができる能力のことです。

次は正確な表現力です。

携帯メールなどでは、気が利いた表現だと思う人がいるのでしょうが、絵文字を使うケースが多いようです。学生のレポートなどにも絵文字が使われていることがあって、試験の答案に「難しかったよ。トホホ……」といった記述があって驚いた経験があります。

きちんとした文章が書けるということは、とても大事なことなのです。どうしたらそのような力をつけることができるか、聞かれることがあります。私は古い人間なので、厚いしっかりした本を読み通すこと、古典といわれるような本を読むことが大切だと思います。

それによって、自分たちが日常生活で自分と同じレベルの人とコミュニケーションするときには使わない表現を学び、普段はつきあわないような人とも同一の古典を読むことによって、共通のことばを理解できます。

自分とは立場もレベルも違う人とコミュニケーションを取る力をつける重要な手段になるのです。

自分と同じような人とばかり話したりつきあったりしていても、コミュニケーション力はつきません。自分と違った考え方、自分と違う生活をしている人と、どうしたら理解してもらえるか、伝え合うことができるのか、伝わるように書くことができるのかが大事なのです。

そのときに、自分の持っている知識や在庫をたくさんにしておくことが大切です。

その在庫のパーツ、部品を増やすには、本を読み人の話を聞くことです。

在庫の引き出しのなかから取りだして組み合わせて話すこと、これはコミュニケーション力の一つです。

言葉の天才で、素晴らしい言葉をゼロから生み出すことができる人などめったにいません。私たちにできるのは素晴らしい表現や言葉を、古典や先人が言った言葉の中から集めて在庫をたくさん持つようにすることです。それを自分なりの味付けをして広がりをつけて適切な時期に提示すると、それは自分のオリジナルになるのです。

じつは仕事も、まったくゼロから自分で工夫して取り組むより、先輩の仕事を見習ってそれに少し自分なりの味付けをしたほうが、ずっとうまくいきます。

詩人や小説家、歌人はその言葉でいかに新しい表現をするかで、身を削《けず》っています。そのプロフェッショナルの人がつくった言葉をせっせと集めて在庫をためておくこと。「ああ、この表現は素敵だな」と思えるものをたくさん持っているといいと思います。

自分のヘタな創造より、上手な模倣《もほう》のほうを選ぶべきなのです。これは仕事の際も通じる知恵です。

本を読むことと、素晴らしい名スピーチを聞き、使えそうな表現をまねび（学び）ましょう。

小学校や中学校のうちに、古典の名文を音読させることを工夫しています。日本の名文句を声に出して読み、心に刻み付けておくと、必要なときに思い出すことができると期待しています。

読んで理解し要点をつかむということと、自分の意見をきちんと伝えることができるというのは、これは同時に成長する能力で、どちらか一方だけで存在するということはありません。

人の意見を素直に聞くのと同じことで、文章や言葉を素直に読むときと、「うそー」「ほんとかしら」「ばかばかしい」と思って読むときでは伝わり方がまったく違います。

まず最初は自分が素直になって、相手が何を書いているのだろうということを、心を傾けて読む。そしてそのポイントを自分なりに理解する。そのような作業をしてください。

●伝えたいことをきちんと文章に書く

コミュニケーション力の一つとして、自分が伝えたいこと、言いたいことをきちんとした文章に書くことができる能力も必要です。

書く力を身につける方法は、しっかりした長い文章、起承転結のある文章を自分で書くことが一番です。

私が気になっているのは、インターネット時代のいまの学生にリポートの宿題を出すと、「コピー&ペースト」がとても多いことです。

「コピペ」というのですが、自分で文章を書かずに資料やデータのコピーをリポートに貼り付けるのです。

でも、これではリポートを書いたことにはなりません。情報を集めた上で自分なりの文章を書く訓練をしないといつまでも文章が上達しません。自分で苦労して文章を書くから知識が身につくし、コミュニケーション能力もつくのです。かならず文章は自分で書くクセをつけてほしいものです。

●人の意見を素直に聞き、自分の意見をきちんと伝えられる

コミュニケーションは、自分が言いたいことを話しているだけではダメです。伝えることができなければ、伝わらなければダメなのです。自分が言いたいことがどうしたら伝わるだろうか。もう少し声を大きくはっきり言ったほうがいいのだろうか、あるいは主語と述語をはっきりさせたほうがいいのだろうか、結論はぼかして笑顔でニコッとごまかしたほうがいいのだろうか、などいろいろなやり方があると

思いますが、どうせ私の言うことなんかわかってもらえないからと、ふてくされてすねてしまうのが、一番ダメです。相手も伝えたいと思っているはずです。

たとえば、「どう、わかったの？」と聞かれたときに、もしわからなかったら、「わかりません」「もう少し説明をしてください」と丁寧に言ってください。

私もそうでしたが、若いときは、相手に聞き返すことは自分の頭が悪いと思われるんじゃないかとか、自分がきちんと相手の話を聞いていなかったと思われるのではないかと、いかにもわかった振りをしがちです。

ですが、わかった振りをして、どんどん誤解をしていくよりも、「すみません、もう一度お聞かせください」とか「こういうことだと思っていいですか？」と聞き返したほうがはるかにいいのです。

コミュニケーションをしていくうえで、とても大事な能力が、質問する力です。日本人にはこの聞き返す能力、質問する力があまりないのですが、ぜひ身につけてほしいのです。

質問すると失礼だ、バカだと思われないか心配する必要はありません。「熱心に聞いている」と評価されるのです。

●漢字や慣用句を正しく使い、レポートや手紙を書く

漢字や慣用句を正しく使う能力のトレーニングは、昭和女子大学では「日本語基礎」の授業のなかで何度も行っています。

このトレーニングは一回で終わらせずに、何度もくり返し行うと覚えます。一回聞いただけで全部覚えるなんていう人はほとんどいません。人が三回するところを五回くり返すと身につきます。

何度もくり返し練習して自信をつけること、これが大切です。

準備なしでは失敗するに決まっています。そして失敗して「私は能力がないのだ、頭が悪いのだ」と思って自信を失うというのは、愚の骨頂です。ぜひ準備をしてください。準備をすれば百点満点ではなくても頑張ったなと思える結果になります。

そしてうまくいくと「私もやればできるんだ」という自信につながります。

また、パソコンを長いこと使っていると、漢字を書く能力が衰えてきます。漢字を読むことはできても、書けないということがよくあります。漢字や慣用句を正しく書くことを常に意識して行うクセをつけるようにしましょう。

「一日に三回笑う。一〇回感謝する。一〇〇〇字書く。一万歩歩く」

私はこれを毎日の目標にしています。実行はむずかしいという人はけっこういますが、一日に一〇〇〇字書く習慣をつけると、漢字や慣用句を覚えることができます。そうすると、レポートや手紙を書くことが、とても楽しく好きになるものです。

私は手紙やハガキを書くことも、人からもらうのも大好きです。手紙は自筆で書くように努めています。インターネット、メール全盛の時代だからこそ、自筆で心を込めた手紙は身に沁みるのです。友人や知人から、直筆の手紙やハガキをいただいたときの、あのワクワクしたうれしさは、何にも変えがたいものです。一字一句を、ドキドキしながら読み進みます。

手紙やハガキは、人とのコミュニケーションを潤滑にする格好の手段です。人に自分の気持ちを伝える手段は、手紙以外にもたくさんあります。でも、手紙にしか伝えることができない気持ち、手紙にしか書くことができない言葉があるのではないでしょうか。

相手に特別な気持ちや感情を伝えたいときは、自筆の手紙をぜひ書いてください。自分の想いを内側に籠らせるのではなく、外に向けて発信してください。そうして、毎日の暮らしの場で、自分で自分の気持ちを表現し、コミュニケーションを取るクセをつけることをおすすめします。

●人前で堂々と話をする

人前で堂々とスピーチするには練習が大事です。昭和女子大ではプロジェクトの活動発表や学寮で、研究発表のプレゼンテーションでと、人前で自分の考えを堂々と話す機会をつくっています。一年生のときには人前で話すなんて大嫌いと、まったく話せなかった学生が三年生になると、しっかりと人前で話ができるようになります。

練習を重ねることが大事なのです。必ず力がついていきます。

それから、人と会うときは、相手のことを少しでも調べてから会いに行く。相手の著書や資料などで調べる。話し下手と思っている人ほど準備をしなければなりません。

招かれたとき、招待してくださった主催者の方が、もし私の本を読んでいてくだされば、本を話題に話せますが「どうぞ自由になんでも」といわれると困ってしまいます。

あるいは、私の略歴を調べてくださっていれば、どこの県の出身者で、どういう大学を出たか、どういう仕事をしていたのか、ということはわかるはずです。

それなのにそういった準備をしていない主催者に、「どんなお仕事をされてきたのですか？」ということを尋ねられたときは、ちょっとがっかりします。

上手に話をするかどうかではなく、前もって準備をしておくかどうかが、コミュニケーションに際しては物を言うのです。ぜひ、自分がその役目を果たさなくてはならないときは、準備をしてその場に臨んでください。

●自分が考えていることを人前でアピールする

また、小学校の先生や保育士を目指している学生に、私が強調していることは、子どもを教室で教えることだけが教員の仕事だと思ったら間違いで、教室の外で親といかにコミュニケーションを取れるかが大事だということです。

また、行政や教育委員会、地域の人たちとコミュニケーションを取って、どのように子どもを育てていくか力を合わせてやっていかれるかどうかも、教師や保育士の大事な仕事の一部です。

教師に限らず、自分が考えていることや、自分がやろうとしていることを、人前できちんとアピールできるという能力は、どんな仕事をしていくうえでも必要なのです。

いいことをしているのだから、自分から宣伝しなくても見る人が見ればわかってくれるさ、というのが、これまでの日本の美徳だったのですが、言わなければわかってもらえないのです。自分から何も言わなくても、おのずとわかってもらえるというのは、とても不遜《ふそん》なことなのです。甘えなのです。理解されるためには理解されるよう努力しなければなりません。

いかにわかってもらうために表現するのか、その能力を身につける努力から逃げないことです。

周りの人たちと共通の理解の基盤をつくるというのは、教育者だけでなく、栄養士や商品を販売する人たちでも同じです。

栄養士の人が料理をすすめるときに、「この料理はこういうところに工夫して、この食材はこれと組み合わせるといいからぜひ食べてください」と言えるか、ただ

「栄養のバランスがとれています」と言うだけかで、相手に与える印象はまったく違います。

洋服を販売する人も「こうすればあなたにとても似合う」とか「ここがポイントだからぜひ強調してください」などと言えるかどうかによって、売上げはまったく違う。自分の善意や努力している点を、言葉で伝える力をぜひ持ってほしいと思います。

どうしたら、そういう力を持てるのか、と聞かれますが、練習です。場数を踏むことです。

じつは私も書くのは好きですが、人前で話をするのは大嫌いだったのです。でも場数を踏んでいるうちに、前ほどは苦手意識がなくなってきています。

苦手意識を持たずに、できるだけ若いうちから人前で話す習慣やクセをつけてください。人前で話す機会として、三分間スピーチ、一分間スピーチを朝礼などで行っている企業がよくあります。

もしそのようなスピーチの場がめぐってきたら、逃げないで、ぜひきちんとスピーチしてください。

そのときに、初心者レベルの人は、なんとかなるだろうと無手勝流でいきなりスピーチするのではなく、しっかり準備することです。前もって何をしゃべるかメモをつくると落ちつきます。原稿まで用意する必要はないと思いますが、どうしても不安な人は原稿を用意しましょう。しっかりと準備をしてから人前で話すことです。そのうちに場数を踏んでくれば少しずつメモに沿って話ができるようになっていきます。

初心者の人は「エイやっ」と、清水の舞台から飛び降りるつもりで、いきなりスピーチするのはやめましょう。

若い人たちによくみられる特徴ですが、自分らしさ、個性をアピールしなくてはならない、笑いをとらなければならないと思って、聞き手を笑わせよう、盛り上げようとします。それはけなげな努力ですが、その場にそぐわないということがよくあります。

自己紹介をするときや、何かの会合の司会をするときなどは無理をせず、スタンダードでいきましょう。自分らしさをアピールするのは第二段階で、上級編です。「スピーチの上手な人は、ジョークをうまく言える」などといいますが、必要なことは基本がきちんとできることで、笑いを取るなどということはそのあとプラスアルファなのです。

はじめから個性を発揮して笑いを取る努力をするよりも、きちんと言うべきことが言える人になることを心がけてください。

人前で話をするということはプレッシャーですし、ストレスも多いのですが、それを克服するために場数を踏みましょう。

5章

問題を発見し、目標を設定する力

●いろいろな角度から見て、原因や問題点を発見する

いろいろな問題やものごとの答えは一つではありません。二つも三つも答えがありうる。どれもまちがいではない。一つだけ正解があってそれ以外は間違いという場面は、ほとんどありません。また答えがなくてもなんとか対応しなければならないことも多数あります。

ハーバード大学のマイケル・サンデル教授の哲学の授業では、「正義とは何か」という難解な問題について激しい討論を繰り広げます。サンデル教授の授業では学生たちは、問題に対する答えは一つではないことを学びます。

しかし日本の学校教育では、これまで、問題に対する答えは一つだと教えられてきました。だから、入学試験で正解が二つありえる問題は「出題ミス」とされます。

でも、現実の人生や仕事の場ではいろいろな答えがありうるのです。こういう立

場だったらこういう答えがある、こういうふうに考えればこのような答えがあるというように、いろいろな角度で考えると、答えは一つではありません。いろいろな解答が出てきます。それぞれが正しいのです。

日本では高校の教育までは、与えられた問いに対して答えが一つの問題を速く解くことを教えられます。答えは、もう決まっている。それを速く正確に提示する。そのような勉強ばかりしてきました。

ところが、社会に出ると、正しい答えがあるかどうかわかりません。こういう答えもあるけれど、別の見方もある、というのが現実です。そのなかで、自分や自分のチームが何を目標とするか、いつまでに何をするのか、そういう目標をセットする力というのが、とても大事になります。

目標が決まれば力が集中できますが、自分は何をすべきか何をしたいのか、わからない、この目標は正しいのかと迷っていては力は発揮できません。

ぜひ、「正しい答えはこれ」と単純に白黒と割り切るのではなく、ものごとをいろいろな角度から見て「どうしてこうなったのだろう」と、自分の頭で原因や問題点を考える習慣を身につけてください。

何をいつまでに達成するか、自分で目標をセットする力をつけてください。

ユダヤ人の教育の仕方は、サンデル教授の教え方と同じで、問題を提起すると、あれこれ別の見方、考え方を討議し、AがだめならB、BもだめならCもあると、解答を三つくらい用意しているそうです。白と黒の間にいろいろなバリエーションがあるのだということを、若い人は認識してほしいものです。

言われたことを言われたとおりに行う。前から行われていることをそのままくり返すのではなく、もっとよいやり方がないか、別の見方もあると考えることが必要です。

現実というのはデコボコしています。ある角度から見たらやさしくなだらかな曲線を描き、別な角度から見るととげとげしいということが普通です。一〇〇％のチャンス、一〇〇％の悪いこともありません。油断しているとチャンスがピンチになるし、時には、がんばったことで逆境がチャンスを運んでくれます。人でも完全にバランスのとれた人は少なく、いろいろの長所や短所がありますが、そのどちらに注目するかによって、まったく別の人間像が現れます。裏も表もない単純な人はいないという前提で人を見ましょう。

●人生に与えられた答は一つだけではない

自分が持つ夢も一つではなく「ドリームズ」と複数であるべきです。私はアメリカのボストンにある昭和女子大学のボストンキャンパスで成人式のスピーチを行ったことがありますが、そのときに「ドリームズ」の話をしました。

私も二〇歳のころは「ドリームズ」、いくつかの夢を持っていました。たとえば、男性とあまりひどい差別のない仕事につきたい、給料は低くとも社会に関わる仕事がしたい、家庭を持ちたい、複数の子ども、できたら自分に似た男の子を持ちたい、自分より才能や人間的に優れた人と結婚したい、東京二三区内に住みたい、自分の名前で本を書きたいなどです。

叶った夢もあれば、叶わなかった夢もあります。たくさんの夢のなかで、達成できるものもあれば、できないものもある。それが夢なのです。一つだけというわけではありません。しかし今になってみると、現実に手に入れているのは夢見たことだけです。夢見たことでも手に入らない（たとえば私は男の子に恵まれませんでしたが、それはそれで別の見方では幸せだと考えることもできます）こともたくさんあります。

人生で与えられた課題は、一つしかないと考えるのは間違いなのです。

●自分で解決方法をいくつもしぼり出す

そして、問題の解決方法も一つだけではないのです。絶対こうでなければならないと、一つの答えに固執するのでなく、状況がどんどん変化するなかで、方法、やり方は変化していいのです。

富士山の頂上に上るにはいろいろなルートがあります。自分、あるいは自分のチームも力量にふさわしいルートを選べばよいのです。時間をかけてもゆるやかに積み上げていくか、一気呵成《いっきかせい》に短期決戦で臨むか、状況をみて判断しなければなりません。

ですから、視野を狭くして単純に一つのゴールを目指すのではなく、こういうやり方もあれば別のやり方もあるということを考えて、結論を出すことです。他人がいいと言ったことに従うのではなく、自分で解決方法をいくつもいくつも悩んで絞りだすのです。

●あなただからこそできるプラスアルファが必要

これは六番目の「一歩踏み出して行動する力」とも共通するのですが、人から言われたことを言われたとおりにするだけでは、こういった力は身につきません。言われたことさえできないというのは情けないことですが、言われたことしかできない、言われたことならできるというのはさびしいことです。

期待されることや、それに加えてこれからの二一世紀を生きる人は、言われたことだけではなく、あなただからこそできるプラスアルファが必要なのです。

「make something difference」——自分しかできないことを加える、私がしたのでちょっとよくなった、「わたしはこう考えます」「私ならこうします」、そういったプラスアルファをつけ加えることができるかどうかで、その人が社会で役に立つかどうか、人を助けることができるかどうかが変わります。

それは決して面白い思いつきでなく、実力に裏付けられた着実な提案です。

言われたことを従順に行うだけではなく、自分で考えて「こうしたほうがいいかな」「こうしたら喜んでもらえるだろう」「このほうが合理的だ」といったことを提案できる力を持つということが一番大事なのです。

A案が一番いいと思います。でも、AがだめならB案はいかがですか、C案もあります。と、どんどん提案できる力が必要なのです。


自分が責任を持って選択して行うと、脳細胞が活性化し、「こうしたほうがいい」「ああすべきかな」といろいろなアイデアが浮かんできます。人まかせでは脳細胞は動きません。

昭和女子大では新入生の歓迎オリエンテーションも、四分の一ほどの時間を、学生が新入生に教えるという形にしています。歓迎夕食会を設けたり、クラブの発表会を合同でするなど上級生主体のプログラムを増やしています。

学寮も、決められた同じようなプログラムを進めるのではなく、それぞれの学科で独自性を打ち出して学生たちにプログラムの中味を考えさせるようにしています。

このような取り組みによって学生たちが元気になって、自分たちで行動するという習慣を確実につけてきています。それをさらに応援するため、「students of the year」と称して、がんばった学生を顕彰するようにしています。

ぜひ若い人たちは、自分の頭で考え、目標を設定し、問題を解決するように努めてほしいものです。

●自分で考えて目標を持って働く工夫をする

学生のときは時間がたっぷりあるのですが、社会に出て働き出すと、時間がないことに驚かされます。

企業では、限られた時間内で仕事を成し遂げることが求められます。現実の社会で働いている人はみな時間との戦いです。多忙を極めている社員ばかりです。ただそのときに、「燃えつき症候群」でつぶれてしまう人と、その中で生き延びてしっかり仕事をしていく人はどこが違うのでしょうか。

実は私も就職するまでは内心「あまりこき使われないで、自分の好きな仕事をして周囲から評価されたい」とムシのいいことを願っていましたが、就職してみると、現実の社会ではそれはありえないとわかりました。

そのなかで生き延びられたのは、一つはどんなに忙しくてもそれを評価して見ていてくれる人がいるという安心感、やったことが仕事の成果につながる実感が得られたこと、またその仕事を通じて自分がそれまで知らなかったことを知る、できなかったことができるという成長の手ごたえを感じることができたからです。

これから社会で働く人は、「言われたことをしっかりこなす」だけでなく、これは何のために行うのか、それがどのような成果をもたらすのか、自分で考えて目標を持って働くよう、自分で工夫する「才覚」が必要だと思います。

●仕事に優先順位をつけよう

とくに責任ある立場になればなるほど、こなさなければならない仕事がいくつも重なってきます。優秀な職業人は、仕事に優先順位をつけて、早くこなさなければならない仕事から着手していきます。どうでもいいことは後回しにする、この段取りがうまくできるかどうかも、大事なことです。

そのときの優先順位をつける際の基準は何なのか、出世、ポスト、すなわち報酬のいい仕事なのか、自分が納得できるいい仕事をすることなのか、自分のなかで優先順位をつけることが必要です。

自分が好きで大事だと思うことを最優先し、好きではないがしなければならないこと、好きだけれど重要ではないことのバランスを取り、必要でも、重要でもない、好きでもないけれど「しなければならない」と思い込んでいることを後回しにすることが大切です。公務員として働きながら子どもを育てていると、その「仕分け」感覚、優先順位をつける習慣が身についてしまいました。

6章

一歩踏み出して行動する力

●前向きに考え、新しいことに挑戦できる

いまの若者たちは「内向き、下向き、後ろ向き」だといわれています。それはとても残念なことです。新しいことに挑戦するのを恐れ、失敗を恐れているのでは成長はありません。

何もしなければ失敗しません。絶対失敗しない秘訣は挑戦しないことです。なまじ人と変わったことをして失敗すると、そのあと損をする。だから何もしないほうが賢いのだと考えるのでしょう。しかし、それはつまらない人生しか、もたらしません。

これからの時代をになう若い人には、新しいことにチャレンジして欲しい。誰が見ても九対一の割合で失敗するとわかっていれば、やめたほうがよいかもしれませんが、六対四で失敗の確率が六割だったら、一歩踏み出すべきです。失敗しても失

うものなどたいしたことはない、と覚悟を決めればいいのです。たとえ失敗したとしても、新しいことにチャレンジしたほうが経験が豊かになり、得るものも大きいはずです。過ぎた失敗をくよくよ後悔するより、これから何をするべきかに目を向ける。そのための準備をする。後向きでなく前向きに取り組むとはそういうことです。

自分に自信がないときは、なかなか新しいことにチャレンジする気持ちになれないものです。やればできると思えるようになるため、準備を十分に行う助走期間を設けてやってみましょう。

苦しんでも踏みとどまって目標としたことを成し遂げると、そこで自分は大きく成長できるのです。そういう苦しい局面から逃げないことです。しかし、いきなり「当たって砕《くだ》けろ」ではなく十分に力をつけ準備をしてチャレンジするのです。「リスクを恐れてはならない」と、成功する可能性が少なくてもがんばりなさいよ、というのではなく、清水の舞台から飛び降りる前にしっかり準備をした上で逃げないで挑戦するのです。パラシュートや綱を用意したり、準備を整えた上で舞台から飛び降りてください。

「男は度胸だ」と言って、むやみやたらに飛び出すのではなく、できる限り備えをして逃げないで、新しいことにチャレンジしてほしいのです。準備を整えれば失敗する確率は低下します（それでも〇《ゼロ》にはなりませんが）。

●人に頼らず、面倒がらずに仕事や役割を引き受ける

人の世話役とか幹事を引き受ける場合、別に私がやらなくても誰かがやってくれるだろう、と考える人がたくさんいます。面倒な役職を押し付けられたときに断れない人はお人よしなおバカさんで、引き受けない人のほうが賢くスマートで得をすると考える傾向があります。

役職を引き受け、面倒な仕事で苦労したほうが新しい出会いや新しい経験をもた

らし、新しい成長に結びつくのです。誰かがやってくれるだろうと考えるのではなく、まず自分がやるんだと考えることで自分から一歩踏み出しましょう。

私が長い間仕事をしてきて、一緒に仕事をしたいと思うのは、頭のいい人、アイデア豊かな人、誠実な人、いろいろありますが、逃げないで自分で実際に手が動く人、足が動く人、自分でやってくれる人なのです。

一緒にプロジェクトをするにも関係者にメールと携帯電話をかけ、書類を作成し、きちんと先方にアポイントを取ってくれる人です。自分で「雑務」ができる人です。面倒くさいことは誰かにやらせて、気のきいたアドバイスをするだけの人ではなく、実際に動いてくれる人が一番ありがたい。それは私だけでなく、誰でも同じです。

ですから、自分でこまめに動く人はどこからでも声がかかってひっぱりだこになり、動かない人にはどこからも声がかかりません。

このような、実務能力を持っている人は、人が離しません。職場では大言壮語するより、こまめに動いて人の世話役をやってくれる人が必要なのです。実務家と評論家の違いです。秘書や部下に仕事をさせるのではなく、自分で何でもさっさとこなす力を身につけることは、とても大事なことです。実務家というのは実際にそういう習慣が身についている人のことをいいます。

頭がいいことより、要領がいいことより、目の前の仕事をめんどうがらず実際にこなしていけることが現実の社会で生きていく上で大切な能力なのです。


戦略的に対処しなければならない大きな問題の周りには、じつはやらなければならない小さなことがたくさんあるのです。つまらないことだからと後回しにし、誰かにやってもらおうと思っていると、命取りになることがあります。

小さなことを着実にできるという人は一番強いのです。大きなことはやりがいがあるけれど、小さなことをやるのはつまらない、意義が見出せないと、不満を持つ人が多いのですが、小さなこと、雑務を苦にせず不満を言わずにできる人が、実は大きな夢を着実に実現していくのです。

スケジュール

●細かい実務をきちんとできる

若いときは、大きな志を持てなどと言われますが、面倒くさいことをきちんとやる力が現実に生きていく上で不可欠なのです。後でメールを書く、後で電話するのではなく、いま、メールを書く、いま、電話をするという習慣が大事です。一番ダメな言葉が「後で」という言葉です。「後」は絶対こないのです。「後で」という言葉は自分を甘やかす麻薬です。

人間の力には限りがあるので、なんでも引き受けることはできませんが、引き受けてすぐやれば、すぐ終わるのです。「後で」と言っていると、終わらないのです。やらねばならないことを、すぐにやる人のところに仕事は集まってくるのです。

たとえば、私くらいの年代で、第一の仕事を引退した後、それ相応のポストについている人は、あちこちから仕事の声がかかる人は自分でこまめに動く人、文章を書いたり、自分で実務ができる人です。

実務がこなせる人は引く手あまたですが、課長、部長と呼ばれるようなポストについた、仕事はつとまるけれど実務がこなせない人は、ポストを離れるとそれで終わりです。カッコつけたいポストをやりたい人はたくさんいるのです。

みな、カッコよくてラクで、魅力的な仕事につきたいと願うのですが、面倒なことを人まかせにせずきちんとやってくれる人が、必要とされるのです。でも、若いときというのは、その大事さがわからなくてカッコいいことが言える、人目につく行動ができる人が成功するのではないかと誤解しがちです。

●苦しいことがあっても、あきらめずにやり遂げる

一歩踏み出して行動することは、勇気がいります。自分の力で何かを成し遂げようとするのは生やさしいことではありません。

「こんなはずではなかった」「うまくいかなかった」「友達から批判された」といった思いもかけず嫌な思いをすることもあります。嫌な思いをしなくてすむためには、何もしないことに限ります。「私には無理」と逃げ回ることです。

でも、若いうちは嫌な思い、失敗を恐れないで行動することで新しい自分の才能を発見します。失敗してもそれをリカバリーする余地は多々あります。私の場合、失敗しても何とか気を取り直して最後まで頑張ったら、何とかなったというような経験がありますが、それが実は人生で一番大事なのです。

アメリカのビジネススクールでもfail fast早く失敗しろといっています。はじめから100%成功することはない。やってみて失敗したら、それから学んでもう一度行う。

私は、子どもを持つか持たないかはその人の価値観で強制することはできないと思いますが、子どもを持つことで自分でもそれまで知らなかった力がわいてきます。新しい場に立たされると、それまでできなかったことができるのです。

ものごとは、なんでも、ちょっとやったら成功するということはありません。そのときに、もうだめだとあきらめるか、もう一度チャレンジしようと思うエネルギーがあるかどうかです。うまくいかないときに、すぐにへこたれてしまうのではなく少し休んでもう一度チャレンジする。

苦しいことがあるのは当たり前なのです。苦しいことをするから仕事なのです。周囲の人から自分が理解されることが当たり前だと思っているのが間違いなのです。自分は理解されないのが当たり前と思わなければなりません。

その上で理解されるのはめったにないことなのに、たまたまめずらしく理解されたり協力してもらったらありがたいのです。

何かものごとをやり遂げるということは、苦しいことや面倒なことをやるから仕事なのです。教育の場でも失敗しないように子供や生徒・学生を守ることでなく、嫌なことや苦しいことを乗り越えることを教えるのが必要なのですが、いまは、親も教師も本人が挑戦する前に、失敗しないように前もって気をきかせて準備し、用意してあげてきたから、すぐにへこたれる若者になってしまいました。

●頼まれなくても一歩自分から踏み込んでする

一歩ふみ出して行動するには勇気が必要です。

たとえば人を助ける行動は、頼まれればやるという人が多いのですが、頼まれなくても、困っている人がいたら、見て見ぬふりはダメです。一歩自分から踏み込んで、進んでやるのです。いじめられている友人を見て見ぬふりをする。それによって心がいたまない人が増えているので、いじめがエスカレートしているのです。

いまの日本は無縁社会といわれ、孤立化が進んでいます。こんな社会だからこそ、人が困っていたら、頼まれなくても進んで助けるお人良しがいまは必要なのだと思いますが、そんなことをするとでしゃばりだと嫌われないかと自己規制してしまう。

余計なコトをして憎まれたり、反感をもたれないよう黙っている方が、得だと考える。

いまは人々が孤立化し自己中心的になっています。一言、困っている人に声をかけることができるかどうか、頼まれなくても、人助けをする。自分から先に、頼まれる前に、命令される前に自分から動くことが重要だと思います。コミュニケーション能力はこういうときに発揮されるのです。

子どもの頃には、与えられた問題に答えて失敗しなかった、嫌な思いや悪い思いをしたことがないという人でも社会に出ると、上司やお客に怒られたり、うまく仕事がいかないことがしばしばあります。失敗して立ち上がった経験がないとそれをくよくよ思い悩み、自分の力に自信を失ってしまいます。

いま出社拒否する社員や登校拒否の教師が増えていますが、いままで保護されてきて失敗しないできた人たちは、社会に投げ込まれてはじめて挫折すると、立ち上がれなくなるのです。

若いときには転ばないように用心深く生きるより、転んでも「なにくそ！」と立ち上がる力を身につけることが重要なのです。小学校、中学校、高校のクラスの中で、あるいは学校の外の活動を通してこうした経験をつむのが重要です。

●女性もリーダーシップを持つ

これも私が強調したい持論ですが、これからの時代は、女性もリーダーシップを持たなければなりません。これまで、女性はリーダーシップが足りないといわれてきました。それはなぜでしょうか。いままではリーダーというと、織田信長のようにトップがすべて判断し、部下に指示を与え責任をとるというイメージがあったからです。

しかし今、リーダーのスタイルは多様化しています。いろいろなメンバーをチームに巻きこんで協力する。いっしょに勉強する。メンバーが力を発揮するのを助ける。フォロワーに支えられるリーダーという新しいスタイルも生まれています。

リーダーはフォロアーシップがあってはじめてリーダーとしての力を発揮できま

す。チームを組み、それぞれの持ち場で与えられた役割をきちんとこなすことでものごとを成しとげる成功体験が女性を成長させます。それがフォロアーシップです。

これからのリーダーシップは、上から命令する、権力をもって影響力を行使するというより、フォロワーの意見、アドバイスをよく聞く、フォロワーの力をひきだすよい方向性を与える、悩みを分かち合うという新しいスタイルが求められています。女性たちはそうしたリーダーとなれる力をもっている人が多いのです。

●みんなで力を合わせ、役割を分担してチームワークを発揮する

フォロアーシップを持つこと、縁の下の力持ちとして脇役に徹して行動することも一つの生き方です。最近の子どもは男女を問わず、一人っ子で親に大事にされてきたので、自己中心的で、チームワークを組んでフォロアーシップを発揮することが苦手だといわれます。

一人でできないことは、助けを求める。協力して一人で抱えこまないということも現実の社会で生きていく知恵として大切です。

心を合わせてがんばろうという仲間がいるかどうかが、最後までできるかどうかを左右し、結果の大きな違いになります。

仕事は、自分一人でできないことがたくさんあります。チームで力を合わせてすることが、物事を成し遂げるうえで、極めて重要なことなのです。

そういうチーム仲間を持っていることが大切なことですが、日ごろから、自分から他人のなかに一歩進んで入っていくこと、頼まれなくても、前向きに手を出してあげること、人を喜んで助けることを心がけていれば、仲間も必要な時にあなたを助けてくれるでしょう。

私には無理だからできないといって逃げていることが「謙虚」とか「女らしい」と思っていては間違いです。責任逃れと謙虚さを混同してはなりません。

7章

自分を大切にする力

●一番大事なのは中味を磨くこと

いまの若い人たちは、一見、みなセンスよく個性的な装いをし、自分の好みを持ち、自分の意見をもって元気に活動しているように見えます。

しかし実は、自分のことが好きではない、自分に自信がないという人がとても多いのです。目が細く美人でない、足が短い、太っていてスタイルが悪い、声が悪い、頭が悪い、要領が悪い、自分はなんてヘマなんだろうなどと思っている人がとても多いのです。

その原因の一つは、おそらく子どもの頃から偏差値教育で輪切りにされていて、学校の先生や親たちに、学校の勉強ができれば頭がよいと認められ、学校の勉強ができないと能力がないと思われてきたことにあるでしょう。

学校の成績が悪いと、自分でも「頭が悪い」と卑下しがちです。先生や親たちもそういう目で子どもを見てしまいますが、勉強ができることは人間の多くの能力のうちのほんの一つの部分にすぎません。学校の勉強はよくできても職場でも人生でも成功しなかった人はたくさんいます。逆も真なり、勉強はできなくても成功した人はたくさんいます。

一番問題なのは、若い人自身が自分を価値がないと思ってしまう気持ちです。ありのままの自分に引け目を感じているので、その思いに反発し、目立つ、上手に立ち回る、自己宣伝することが、ダメな自分をカバーする必要な能力だと誤解しているのです。自分に自信がないから上手にカバーしなければならないと考える若者がたくさんいます。

でも、本当は中味がダメなのを表面だけカバーしてカッコつけるのではなく、一番大事なのは自分に自信を持てるよう、中味を磨くことなのです。

でも、そういうことを頭から精神論で言っても、若い人たちの心には届かないので、ブレークダウンして、「自分を大切にするとは、どういうことなのか」について具体的に述べたいと思います。

●健康であればどんな国でも生きられる

私は自分を大切にする第一歩は健康であること、健康であるようつとめること、体力を養うことだと思います。

前にもふれましたが、グローバルに活躍するには健康、体力が一番大事です。その健康を保ち、増進する習慣を生活のなかに取り入れることです。バランスよく食べ、ちゃんと運動し、しっかり眠る。充実した素晴らしい一生を送るためには基本は健康です。

そしてグローバル時代には、どんな国や地域でも、日本食のように繊細でない食事、単調な食事を食べても生き抜くタフさが必要です。

私が三三歳でアメリカのハーバード大学に留学したとき、大学院生の寮に住み、学生と同じく毎日の食事を大学のキャフテリアでとりましたが、当時のアメリカの食事といえば、定番はフライドポテトに焼いたステーキ肉や煮込んだ肉で、ボリュームは満点ですが、はっきり言って不味い食事を毎日毎日食べなければなりませんでした。

そのため、どんなに学業成績が優秀な人でも、日本の方が安全で便利で清潔だ、日本食が食べたいから日本に帰りたいという留学生がけっこう多かったのです。

留学生のなかでも、アメリカの食事をきっちりと食べて周りの人たちとうまくやっていかれる人は、いわゆる秀才タイプの人ではなく、たくましく生き延びて生活を楽しむことができる人だったように思います。

私は留学して、本当に健康はどこに行っても一番大切なんだと痛感させられました。

いま、世界の若者のなかで、日本の若者がもっとも内向きになっているのはなぜなのでしょうか。

日本ほど清潔で安全で便利で商品が豊かで、丁寧なサービスが行われ、生活環境が整っている国はありません。世界を見渡せば、そうではない国のほうが、圧倒的に多いので、日本にしがみつくのです。

これからのグローバル時代は、先進国相手の仕事はほんのわずかで、仕事の相手国は圧倒的にアジア、アフリカ、南米諸国になります。そのような国で生き延びて仕事をしていくには絶対に健康が大事です。

食べられない、眠れない毎日が続くと自分の体力にも自信が持てなくなるのは当然でしょう。

風邪を引いていたり、頭痛がしたり、お腹をこわしていて体調不良だとどうしても悲観的な考え方になってしまうし、さあ、やってみようと挑戦する気持ちにはなりません。

でも、たとえ何か壁にぶち当たって悩んでいるときでも、体が健康であれば、一晩ぐっすり眠ってみてください。翌日には、もう一度チャレンジするぞ！　という意欲が湧いてきます。

健康でさえあれば、どんな困難にぶつかっても乗り越える力が湧いてくるのです。

ですから、自分を大切にする力の第一番は、健康であり、健康こそ大事だと何度繰り返しても足りないくらいの思いでいます。

そして健康でいるには、日常生活でどれだけ摂生するかにかかっています。生まれつきもありますが、それは一部分で、自分の健康を過信して無茶な生活をし、自分を傷めつけて自分を大切にしていない人がたくさんいます。

●ダイエットはほどほどに

では、健康であるために、具体的にはどうしたらいいでしょうか。

まず、一番目は、無茶なダイエットはやめることです。

とくに、最近では若い女性だけでなく、若い男性のなかにもダイエットに精出している人が増えています。女性にモテるには、カッコイイ服装が似合うためには、細くなくてはだめだと最近の若い男性は思い込んでいるのですが、仕事を一人前にこなすには、ある程度の体力と筋肉が必要です。とくに若いうちはしっかり栄養を取るべきです。

最近は、お菓子やジャンクフードやファストフードが好きな人が増えていますが、きちんとした食習慣を身につけ、栄養のバランスの取れた食事をすることは、自分を大切にする上で、基本中の基本でしょう。外食の際も、丼物でなく定食に、ファストフードでなくサラダバーというように、野菜を取れるよう気をつけましょう。

これまでの男性は、食事はいつも母親や妻が用意してくれたものを食べるだけでしたが、これからは、少なくとも、自分で栄養のバランスの取れた食事をすることができる、食べ物を選ぶことができる、簡単な食事を準備し、食後は片付けることができる、それができてはじめて食生活が自立しているといえるのです。

ですから、これからの若い人は、ぜひ、正しい食生活ができる力を身につけてください。

健康よりも外見が美しいほうが重要と思ってダイエットしたり、お肌のエステに通ったりしている人がいますが、何より健康でないと魅力的ではありません。肌がしわしわ、色艶《いろつや》がなく、カサカサで目がトロンとして髪もつやがなくては絶対に美しくありません。健康な美しさを目指してください。

●自分一人でできる運動をする

健康であるための二つ目は、ある程度の運動をすることです。

そのためには、まず、歩くこと、そして階段を利用することです。スポーツジムへ行くとか、特別なスポーツをするにはまとまった時間が必要ですが、何よりも大事なのが、日常生活のなかで動く習慣をつけることです。

歩くこと、階段を上ること、深呼吸をすることです。日常生活のなかに、健康にいいエクササイズを取り込むことです。車より電車を利用し、駅まで歩く、駅の階段を利用すれば一石二鳥で環境保全にも役立ちます。

私も、毎日歩くことを心がけてスニーカーで大学に通っています。私の自宅から大学までは、電車で数駅なのですが、できるだけ歩いて大学まで通うようにしています。スニーカーで背筋を伸ばしてサッサッと歩く習慣をつけています。

会議やパーティーに出席する予定があるときは、スニーカーでは出られませんので、靴袋にハイヒールを入れて持っていきます。かかとの細いピンヒールやハイヒールは、歩くときにはふさわしくありません。歩きやすい靴でサッサッと大股で歩くのが一番です。


また、運動をする場合、スポーツジムに通うことや、ゴルフやテニスのように自分の好きなスポーツを持つことをすすめる人もいますが、お金のかかるスポーツや、チームプレーが必要な団体スポーツより、自分のペースでできるスポーツのほうが長続きすると思います。

歩くこと、泳ぐこと、ランニングのように、一人で思い立ったらすぐにできるス

ポーツと、ゴルフ、テニス、バレーボールのように仲間と一緒に楽しむスポーツはわけて考えたほうがいいと思います。

私は「森の女性会議」という山歩きの会に入っていましたが、それはスポーツより自然の中で働く女性と親しくなる親睦の場でした。楽しい経験でしたが、体力養成にも役立ちました。テニスでもランニングでも仲間とできるスポーツも一石二鳥です。

●タバコを吸わない

健康になるための三つ目は、タバコや多すぎるアルコールをやめることです。

タバコを吸っていると、自分が損をするのです。まず、自分の健康を害します。若い女性なら、将来に生む子供の健康にも悪い影響を及ぼします。さらにタバコを吸う人には口臭、体臭がついてしまいます。そして喫煙者は社会生活がひじょうに不自由になります。海外旅行をするのも不自由です。

いま、飛行機やタクシーの中、レストランやパブリックな場では、禁煙が進んでいます。外国では日本よりも禁煙が厳しく、どんどん喫煙場所がなくなっています。

タバコが吸えないから海外旅行をやめたという、信じられないような人がいるのですが、自分の人生の可能性を狭めてしまいます。

タバコが健康に悪いことは、誰でももう十分承知のはずです。自分を大切にするために、タバコはタブーと心得ましょう。多すぎる飲酒も控えましょう。

●薬物に好奇心を持たない

四つ目は、ドラッグの問題です。

薬物には大麻、コカイン、覚せい剤、ＬＳＤなどがあります。若い人は、仲間と面白がって罪の意識もなく手を出すことがあるようですが、自分の体を痛めつける最悪のものです。絶対に手を出さないこと、これは人間として守るべき最低限のルールでしょう。自分の健康に悪いだけでなく、社会的な可能性をつぶし、犯罪者につけこまれて、反社会的な仲間に引き込まれてしまいます。

同様に最近では、「自殺サイト」「家出サイト」「大麻サイト」があって、インターネットで楽に苦しまない自殺の方法や家出のやり方の情報を得ることができますし、それを悪用する犯罪もあります。が、それをもとに好奇心のまま実行するのはまさに自殺行為です。

ネット空間には匿名で悪い意図を持った人も紛れ込んでいます。そうした危険を察知する「カン」を磨くことも自分を大事に生きていく上で不可欠です。

また、性に関わる健康の常識も必要です。

●自分の魅力や長所を見つけ、伸ばす

健康の次に重要なのは、自分のなかの、人よりちょっといいところ、優れているところを見つけてその部分を伸ばしていくことです。それによって社会に通用する力をつけることです。

しかし、自分のなかにちょっとした長所や優れたところがあったとしても、それはプロとして通用するだけのレベルに達するのはたやすいことではありません。自分がその分野でプロとして通用するだけの力を身につけようとしたら、ちょっとやそっとではなく、相当な努力が必要です。

たとえば、美術や音楽の世界、芸能の世界などでプロとして通用するようになるには、並大抵《なみたいてい》のことではなれません。

人を笑わせるお笑い芸人といわれる人でも、苦労に苦労を重ねた下積みの生活を経て、ようやく通用するレベルに達し、しかも幸運に恵まれてはじめてタレントとして通用するのです。その方達の涙ぐましい努力には頭が下がります。

特別の才能よりも、自分で人の役に立つ分野の力は何なのだろうとか、人から感謝される分野は何なのか、自分が何かをやっていて、努力していて嫌にならない分野は何なのかを考えて見てください。

自分の強みをみつけましょう。第6章で繰り返し重要性を強調した実務能力を持つのは大きな強みです。

例えば、私にとっては、時間に余裕があって何ごとにも邪魔されずに書くことに没頭できる時間は、至福の時です。本を書く時間を確保できることは、とても幸せなことなのです。どうしたらもっとうまく書けるのか、わかりやすく書けるのか、苦しんではいますが、楽しい苦労です。

「いろいろな本を書いて大変でしょう」とよく言われますが、書くことは私にはまったく苦にはなりません。

でも、いっぽうで、こまごまとした手芸や編物や、片付けごとなどは苦手です。同じ一時間が原稿を書いているとあっという間に過ぎますが、お掃除をしていると長く感じ、しかもその成果が出てこないので自己嫌悪になります。整理整頓についてはいろいろ本も読みましたが、上達しません。

自分の短所を認識して把握することも大事ですが、短所をなくすことにこだわらないで、そこの部分は人に助けてもらい、自分がやっていて苦にならないことや、人よりうまくできること、感謝されることを引き受けてどんどんやっていくこと、それが一番自分を大切にする早道だと思います。

たとえば、女性は、人の話相手になってあげること、人の話を聞いてあげることが得意な人が多いのですが、男性は苦手な人が多いようです。逆に、男性が得意なのが、コンピュータ関係の仕事やゲームなど、特定の分野にオタクといわれるほど深く没頭することで、感心するほど熱心に夢中になれる人がいます。

そうした自分の長所や強み、人の話を聞いてあげることでもいい、何かを作り出すことでもいい、その長所を伸ばしていくことが大事です。

では、その強みや長所を伸ばすには、どうしたらいいかというと、その分野の仕事をどんどん引き受けていくことです。すると、人から感謝される、評価される、それがやる気にスイッチを入れます。そして経験を積んでいくことができるのです。

人とおしゃべりするのが苦にならない人、人の話を上手に聞ける人は営業あるいは福祉、教育など人と関わる仕事が向いていますし、人と関わるのが好きでない人、苦手な人は、研究、開発など集中して取り組める仕事が向いているでしょう。

そして自分の得意でない部分、それは誰にでも必ずあるものですが、それをきちんと自分で認識し、それが致命的な失敗につながらないようにする。

自分があまり得意でない分野、あまり勝負をしてはいけない部分は、逃げたくなりますが、一目散に逃げるのではなくて、助けを求めることです。一人でやろうとしないで誰かに協力してもらうとか、得意な人とチームを組むとか、サポーターを集めるなどいろいろ知恵を働かせること、これが自分を大切にすることなのです。

そのためには、これは自分は不得意だ、これは人より落ちるなということを認識していなければなりません。不得意な分野を認識し、それをつつがなくこなす努力をすることは、得意なことをするより楽しくなく、しかも効果がちっとも上がりません。

不得意な分野、自分がヘタな分野はできるだけ深入りしない。どんどん引き受けてしまうと、失敗して大ヤケドを負ってしまいます。周囲の人たちにも大迷惑をかけてしまうでしょう。自分が不得意な分野と知っていることはできるだけ避け、やらなければならない羽目に陥ったら、誰かに助けを求めることです。

たとえば、家の大掃除をしなければならなくなったが、片付けは大の苦手というときは、一人で全部こなそうとせずに、友人や家族に助けを求めるとか、代金をはらって専門家に助けを頼むなどしたほうがいいでしょう。

そのためには自分の力を等身大に把握しなければなりません。自分の力を等身大に把握しようとすると、自分はあれもダメ、これもできないことばかり数えあげないでください。

必ず、人がほめてくれる部分、得意なところがあるはずで、その部分に着目して
そこを磨くことが、私は一番生産的だと思います。

●自分に自信を持つ

また、どうしたら自分に自信が持てるだろうかとよく悩む人がいます。自分には自信がもてない。オーラを発して輝いている魅力的な人を見ると、自分はどうしたら、あの人のように輝けるだろうと羨ましがる人がいます。

実は、どんな人でも自分が自信の持てる仕事をしているとき、自分が周囲からあたたかく受け入れられていると思えるときはオーラが出ています。そうした場をつくり、小さな成功体験をいくつも重ねていくと自分に自信がついてくるのです。

自分に自信がついてくると、オーラが出てくるのです。自信がなくてオドオドしていると、どんなにおしゃれをして高級な服装を身にまとっても、オーラは出てき

ません。「この服装は私に似合っているでしょ、どう素敵でしょう？」という気合がないと、魅力的には見えないのです。

どうしたらその自信がつくかというと、自分で鏡を見て、今日はいいなと思うのも大事ですが、「素敵ね」「よくできるね」といってほめてくれる人がいることも効果的です。あなたの力や才能、長所を認めて上手にほめてくれる人が周りにいて、その人の意見をときどき聞くことが、あなたに自信を持たせてくれます。

一番いいのは、小さな成功体験を重ねることで、「うまくできた！」という思いを重ねることです。大学生だったら、試験で予想よりいい成績をとるとか、試合で活躍したとか、それもできるだけ「実現はちょっと無理かも」という高い目標を立ててそれをクリアしたという経験を積んでいくことです。

自分の力を一〇〇としたら、八〇点の目標を達成してもうれしくもないし、あまり自信にはなりません。

自分の力の一〇〇よりちょっとだけ上の一〇五点くらいの目標をセットして、確実にそれをクリアすると「やれたぞ！」と満足できます。一二〇点をクリアできると、やったぞとうれしくなります。

それをいきなり二〇〇％の目標を立てて一発ホームランを狙うと、うまくできず「やっぱり私はダメなんだ」と自信を失うことになります。ですから、自分の力のちょっとだけ上の目標をセットしてクリアし「よくやったよね」と思う経験を積んでいくことがとても大事なのです。目標設定能力が重要です。

不思議なことなのですが、自分に少し自信がついてくると、自分が一皮剥《む》けるような試練と機会を、人から与えられるようなことがあるのです。自分で目標をセットしたことではなく、他人から与えられたことで、ちょっと無理だと思うような役割を果たさなければならないことができます。それに挑戦してみて、うまくクリアできると、一回り大きくなれるのです。

とにかく、小さな成功体験を積み重ねていくと、あるとき大きな目標を与えられ、それをクリアすると一皮剥ける、そのことの繰り返しが自分を成長させ自分に自信をつけることになるのです。

●自分の力を認めてくれる人が周りにいる

このように、自分がセットした目標をクリアしたときは、それだけでも達成感があって幸せですが、そのときに、それを認めてくれる人、拍手をしてくれるいい観客がいることが大切です。「自分で自分をほめてあげましょう」というのも大事ですが、その思いはなかなか持続しないものです。あなたの成功を愛情を持ってほめてくれる人がいるととても幸せです。

そういう人を得るためには、まず、あなた自身が友達にとっていい応援団であることです。愛情と好意を持って友人を見守り、友達が何かをやりとげたときに「がんばったね、やったね」という言葉を出せる、友人の成功を心から喜べる、自分も一緒に喜べる、一緒に幸せを感じる存在になることが大切です。それが配偶者や家族だったら更に幸せです。

あなたが相手を大事にすると、相手もあなたを大事にしてくれる、これは永遠の真理なのです。あなたが人に対していい言葉を発したり、いい態度を示せば、それは必ず返ってくるものです。ですから、いい友達がほしいと思ったら、まず第一にあなた自身が友達を大事にすることです。

あなたが相手にいい行いをしてあげていると、相手もあなたにいい行いをしてくれるのです。あなたが他人に対していいことをしていると、必ずあなたに返ってきます。じつは、相手を大事にすることが、一番、自分を大切にすることなのです。

逆に友人や他人が成功することをいちいちねたんで悔しがっていたら、自分自身が暗い思いで生きていかなければなりません。人生がつらくなります。

自分が嫌な言葉を他人に与えていると、嫌なことばが返ってきます。自分がいいことを他人にした、思いやりのある言葉をかけることができた、人をほめることができたときは、自分が得る報酬も大きくなります。よい言動の最大の報酬は、自分の気持ちが明るくなる、幸せな気分になるということです。

●人を喜ばせることを一日に三回する

先日、私が勤めている昭和女子大学で、とてもうれしいことがありました。大学に、ある女性から電話がかかってきたのです。その人が渋谷駅で転んで困っていたときに、ある若い女性が助けおこし、「ケガはありませんか。だいじょうぶですか」と優しく声をかけてくれたといいます。名前を聞いたけれど名乗らず、昭和女子大の学生だということだけわかったので、一言お礼を言いたくて大学に電話をしたといいます。

その学生は、いいことをしたけれど、実は本人が一番いい思いをしているはずです。「私、いいことをしたわ」という気持ちです。目標を達成するためにがんばることも必要ですが、困っている人や助けを必要としている人を助けた私というのは、すごいと自分で自分をほめてあげることができます。それが、自分を大切にすることなのです。

たとえば、私が大変お世話になった叔母が具合が悪くて病院に入っていたのですが、かなり悪い病状にありました。私が見舞いに行っても意味がなく何も反応を示してくれないのですが、時間をつくって叔母の元に行っている自分を心の隅でほめている自分がいました。人間としてやるべきことをやったぞ、叔母に対していいことをしているという気持ち、それが一番の報酬です。それが自分を大切にすることになるのです。このように、自分の行いによって自己評価を上げていくことが自分を大切にすることなのです。

逆に、約束を破ったり、みっともないことをしたり、ごまかしたり、嘘をついたり、恥ずかしいことをすると、自分への評価が下がります。なんて情けないやつだと自分のことが嫌になります。自分のことを自分で素敵だと思えなくなるからです。

人を喜ばせることを一日に三回してみてください。

それによって自分で自分を素敵だと思えるようになるはずです。身近にいる親や家族は、反発したくなる存在かもしれませんが、反発している自分は嫌なヤツ、未熟なヤツです。親はちょっと優しくするととても喜んでくれるはずです。それによって自分もうれしくなるはずです。

●落ち込んだとき自分を励ますことができる

そして自分を大切にする上で大事なことがあります。

人生を生きていると、思うように相手が反応してくれない、試験に不合格だったなど、世の中にはうまくいかないことが多いものです。失敗もよくあることです。

準備不足だったり、ぼんやりしていて失敗する。人に邪魔されたりして失敗した場合は悔しいだけですが、自分の力不足、準備不足で失敗したときは、本当に情けなくて落ち込んでしまいます。そんなときにさらに自分をダメにするような行為、たとえばお酒に逃げたり、リストカットしてしまうなどの行為に走ると、もっともっと自己嫌悪になってしまいます。

でも、このように自分を評価できないような、情けない思いをしたときはどうすればいいでしょう。大津波をやりすごすまで避難するように布団をかぶってじっとしていることです。時間がたつことが癒しになります。

傷ついて打ちのめされたときは、「布団をかぶって寝ている」という表現がありますが、余計な行動はしないことです。余計な行動は、後からまた自分を傷つけることが多いのです。

時間がたつと、少しずつ自分に自然治癒力が湧いてきます。あるいは忘却力がついてきます。ヒリヒリするような痛みは、時間とともに薄れていきます。

本当にダメージが大きく傷がなかなか癒えない辛い体験は、時間がたってもなくなることはないので、どこかの引き出しに入れてしまっておきましょう。後でゆっくり悩もうと思ってしまっておくのです。

後で時間がたってからその悩みを見直すと、自分は少し強くなっているので、「ひどい経験だったけれど、たいしたことなかったんだ、いままで生き延びてきたんだから大丈夫」と別の見方ができるようになるものです。

失恋したとか、試験に失敗したとか、いろいろ悲しいこと、辛いことがあるでしょう。それを切りぬける秘訣は、悩むことは後に回しておいて、今はやらなければならないことをやるのです。そうすればしだいに回復する力がついてくるのです。

挫折して辛いときに、破壊的な言葉を言ったり、行動をしたりしないこと、自分を痛めつけないことが、自分を大切にすることなのです。

布団をかぶって寝ているときが過ぎたら、食事の用意をする、メールを処理するなど、やらなければならないことをやる、仕事があるとか、毎日学校にいかなくてはならないなど、自分の悩みに一〇〇パーセント浸っていられない状況があることは、とても幸せなことです。それにより気が紛れます。

気を紛らわせるには、別のことをしたほうがいいのです。せめて、映画を見たり、自分ひとりでできるスポーツに打ち込んだり、歌を歌ったりなどして、破壊的な行動をとらないことが大事です。

そのようなときに、没頭できる「好きなこと」があると、とてもラッキーです。うまくいかないときは、自分で自分を壊してしまうことがとても多いのです。自分が血迷って売り言葉に買い言葉、自暴自棄になって自分が行った行為、自分が発した言葉が自分をあとで一番苦しめることになってしまいます。

●仕事をしていて壁にぶち当たっても立ち直れる

仕事をしていて壁にぶつかることはよくあります。そのときも、どうしても乗り越えられないときは、ちょっと横に置いておくことです。

たとえば、上司があなたのことを正しく評価してくれないようなときは、その上司と会う機会を減らすとか、距離を置くとかして冷却期間をおけば、また別の見方ができるようになるものです。その間にやっておかなければならない仕事に取り組みましょう。

そのようなときに、上司に向かってなんてひどいことをすると、面と向かって抗議したり反発したりしないことです。私も公務員のころは、自分の能力を正しく評価してもらえなくて、自分が思うような部署に配置してもらえなかったり低く評価されたり、悲しい思いもしました。

このようなとき、誰でも鬱々としてしまいますが、くよくよ考えるより、今できることは何なのだろうと考え、優先順位をつけて取り組みます。

左遷されたら、今のポストは変えてほしいと頼みにいったり、いまのポストで我慢しているよりやめたほうがいいと辞表を書いたりしない。

辞表を書くのは三カ月、半年後として、ほかに、いま私がここでできることは何だろうかと考えてみてください。仕事があまりないのだったら、体力を養成しようとか、これまで忙しくてできなかったことを片付けてみようとか、家族との時間を楽しもうとか頭を切り替えてみる。

そうして半年たってみると、本当に辞表を書く気力は失われていることが多いものです。また別の見方ができるようになっている自分を発見します。自分を大切にするときは、思うようにならなくても潔くカッコつけて、きっぱり行動するということはしないほうがいいでしょう。

若い人は、会社などで自分の能力が評価されないと、潔くやめてしまうという人が多いのですが、若い人の能力をしっかり評価してくれて思い通りのポストに配置してくれる会社などそうそうあるものではありません。あなたを認め、人間的に尊敬できる、力もある、仕事もできる上司なんてまずいません。

嫌な会社、嫌な上司に対して辞表を書いてから、よりよい会社を探そうなんて思っても、絶対に見つからないでしょう。

嫌な会社に我慢しているよりも、潔く辞表を書いたほうが、自分を大切にすると思っている人がいるようですが、現実の世界ではそうではないということを肝に銘じてください。

現実は嫌な上司、能力を発揮できない職場が大部分です。

失敗して悔しくて悲しいとき、励ましてくれる人がいることはとてもありがたいことです。しかし、いつでもそうした人がいるとは限りません。人に励ましてもらうのではなく、自分で自分を励ますことができるようになることが大切です。

自分が自分の応援団となり気持ちを切り替えることができるようになることが、自分を大切にすることなのです。


一日に三回、自分をほめることができたら、自分でほめたくなる言動をしていたら自分のことを好きになることができます。ぜひ自分を好きになってください。自分のことが好きだったら、人に対しても優しくなれます。

「どうせ私って頭が悪いから、私って魅力的じゃないから……」こんなふうに「どうせ私なんか」「私って」といくら言ってもあなたは素敵にはなりません。

むしろそのように自分を否定し批判するよりも、頭はよくないかもしれないけど、一生懸命勉強しているじゃないか、美人とは思ってないけれど、魅力的だと言ってくれる人もいると、自分のよいところを評価しましょう。

健康だとか、家族が可愛がってくれるとか、心から信頼できる友達が多いとか、料理が得意で大好きだとか、必ず自分が持っているいい部分があるはずです。ぜひ、そうした自分が持っているいい部分を評価するクセをつけて、それを大事にし、自分を高める努力をしてください。

そのためには、何かいいことがあったら、いいことをしたら、いい人に出会ったら、メモをしておく習慣をつけるといいかもしれません。

●自分の足りないところや欠点に気づいている

自分が足りないところ、いいところ、それを両方認識しておきましょう。「私は何をやってもダメなの」という劣等感にとらわれて、新しいことにチャレンジしない人がいます。こういう人はとても多いのですが、本当にいいところもあれば悪いところもある自分を等身大で見て、いいところを少しでも努力して伸ばしていく姿勢を身につけてほしいと思います。

足りないところを認識して意識して「おしまい」ではなく、それをどうカバーするか、どうしたら被害を大きくしないか、考えてみるクセをつけましょう。一生、自分の欠点とつき合っていくのですから。

●反社会的な行為から身を守る知恵を持っている

反社会的なことをしない、人間としてのマナーに外れたことをしないことは自分を大切にするたいへん重要な要素だと思います。犯罪を犯す人は刑法犯です。また、周りの人は善意の人ばかりだと思いがちですが、大間違いです。世の中には、残念ながら、悪意に満ちた人たちもいっぱいいます。

そういう人たちとかかわったときや、自分の尊厳がおかされそうなときは、だまってガマンしないで反撃できることも自分を大切にするうえで、とても重要なことです。

若い女性にとっては、デートＤＶという問題もあります。付き合っている男性が、暴力を振るう男性であった場合です。女性が自分の言うとおりに従わないと、暴力を振るう、そういう人は、結婚したらＤＶ夫になると確実に予測できます。女性も、それが自分に対する男性の愛情の現れだと誤解している場合もあります。自分の愛情で相手を変えようと思う人もいますが、それは容易ではありません。

そして、反社会的な集団とかかわっているような人、借金を平気であなたにするような人には、きっぱりとノーを言うべきです。あなたの誠意が通じないような人、誠実さがない人とは別れるべきです。恋人や友人だけでなく、身内でもこちらの誠意を利用するだけで、こちらの愛情にこたえてくれない人には、きっぱりとノーをいうことです。

自分を大事にしてくれない人とつきあうことは自分をおとしめます。

もちろん、相手と縁を切るときに、「あなたのここが嫌いだ」ということを、相手に面と向かって言う必要などありません。会う回数を減らしていけばいいのです。不在に慣れると、その人なしの生活をたてなおす気力も持てるようになります。

反社会的な人で、あなたの尊厳をおかすような人とは距離を置く。一人になることを怖がらない、ワルの魅力にだまされないのが賢い女性であり、自分を大切にする上で基本のひとつです。

●自分で変えられないことは受け入れる

自分に与えられた条件のうちで、自分で変えることができないことは受け入れることです。

たとえば、親がもっと金持ちならよかったとか、もっと社会的な力のある親ならよかったなどと子どもたちは親に不足や不満を抱きがちですが、それは自分がいくらがんばってもどうしようもありません。

アメリカの大統領でもブッシュやトランプのように富裕層出身でなく、クリントン、オバマのように逆境をのりこえた人がたくさんいます。

自分の親を恥ずかしがったり批判したりしないで、内心で親を乗り越えようと思っていればいい、もう少し大人になったら、親を理解し同情することもできるようになるでしょう。いたわってあげようという気持ちにもなります。

自分の親に不満を抱くのではなく、この人しか自分の親はいないのだ、これでいいのだと、受け入れる覚悟を決めることは自分を大切にする上で大事なことです。

友達の親や友達の環境と、自分の親や環境を比較して、友達の親のいいところばかりに目をやってしまう人がいます。

しかしどの親も完全ではありません。どの親にだっていいところもあれば、悪いところもある現実を見据えましょう。ある親はお金はとてもあるかもしれませんが、いつも忙しくてイライラしている、ある親はお金はないかもしれないけれど、それを申し訳ないと子どもを充分にサポートする、どちらの親がいいかは言いませんが、どんな親にも光の面と影の面があるのです。

また、自分の顔やスタイル、才能のあるなし、自分ではどうにもならないことに対して、不満がたくさんある人も多くいます。でもこれらの欠点は、自分のせいではないのだと気にしないことです。とくに若いころは自分の顔やスタイルなどを気にしてしまいますが、変えようのない条件をいさぎよく受け入れる覚悟をすることです。

そしてその条件のなかで工夫し、お化粧やおしゃれを楽しみましょう。

背が低くても目が細くても魅力的な人はたくさんいます。

最近の若い人のなかには、自分が恵まれていないところ、不満なところにこだわり、自分が努力しない言い訳にする人もいますが、もったいない。

満足ではないところと上手に付き合うことは、自分を大切にする力の一つなのです。

あとがき

「夢を実現する七つの力」というテーマは私が昭和女子大学の学長に就任して以来、学生に常に呼びかけているスローガンで、それは昭和女子大学の学生だけではなく現代の日本の青年すべてにもってほしい力です。

私に自分の思いを伝えるコミュニケーション能力があるかどうか心配ですが、何とか伝わればよいと心から思います。

夢はその人を生き生きさせる最大のエネルギー源です。その夢を実現するには眼《がん》高手低《こうしゅてい》でなければなりません。夢は大きく、そして現実にやれることから一歩踏み出しましょう。

この本が、読者のみなさまが一歩踏みだすのを後押しするささやかな力になってほしいと願っています。

坂東眞理子

本書は二〇一一年五月に弊社で出版した
新書判を改題改訂したものです。

女性のためのブレない生き方

著　者　坂東眞理子
発行者　真船美保子
発行所　KK ロングセラーズ
東京都新宿区高田馬場 2-1-2　〒 169-0075
電話（03）3204-5161(代)　振替 00120-7-145737
http://www.kklong.co.jp
印　刷　中央精版印刷(株)
製　本　(株)難波製本

落丁・乱丁はお取り替えいたします。
※定価と発行日はカバーに表示してあります。
ISBN978-4-8454-5109-8　C0230　Printed In Japan 2019